Allegria

Der Autor

Pascal Voggenhuber, geboren 1980, genoss eine Ausbildung zum Medium am renommierten Arthur Findlay College in Stansted (UK) und der Schweiz. Er gilt als eines der populärsten Medien in Europa und ist regelmäßig mit Workshops und Vorträgen auf Tour. Sowohl seine Biographie »Leben in zwei Welten« wie alle seine weiteren Publikationen haben die Bestsellerlisten der Schweiz im Nu erobert. Pascal Voggenhuber ist der Begründer von *Psychic Spine Alignment* nach Pascal Voggenhuber®, einer hilfreichen Methode bei Rückenproblemen, Kopfschmerzen, Wirbelsäulen-Problemen oder Migräne. 2009 gründete er das *Spirit* Messenger Center mit dem Wunsch, sein Wissen weiterzugeben und Medien auszubilden.

Vom Autor ist in unserem Hause erschienen:

Entdecke deinen Geistführer

Pascal Voggenhuber

Entdecke Deine Sensitivität

Wie Du Deine übersinnlichen
Fähigkeiten entwickeln kannst

Ullstein

Besuchen Sie uns im Internet:
www.ullstein-taschenbuch.de

Allegria im Ullstein Taschenbuch

Ullstein Taschenbuch ist ein Verlag der Ullstein Buchverlage GmbH
Neuausgabe im Ullstein Taschenbuch
1. Auflage Oktober 2013
3. Auflage 2014
© 2013 by Ullstein Buchverlage GmbH, Berlin
© der Originalausgabe 2010 by Giger Verlag GmbH,
CH-8852 Altendorf
Umschlaggestaltung: FranklDesign, München
Umschlagillustration: Hauptmann & Kompanie, Zürich
Papier: Pamo Super von Arctic Paper Mochenwangen GmbH
Druck und Bindearbeiten: GGP Media GmbH, Pößneck
Printed in Germany
ISBN 978-3-548-74604-3

Inhalt

Vorwort

Ich habe mir lange überlegt, ob ich ein Buch über Sensitivität schreiben soll. Doch immer wieder kamen meine Schüler zu mir und ermutigten mich dazu. Ich habe dann recherchiert und festgestellt, dass es streng genommen kein Buch über Sensitivität gibt, das Übungen enthält, anhand deren man seine eigene Sensitivität entdecken und trainieren kann. Als ich dies feststellte, habe ich mich entschlossen, dieses Buch zu schreiben.

Nun hoffe ich, dass es vielen Menschen helfen wird, die eigenen außersinnlichen Wahrnehmungen zu entdecken. Ich möchte ausdrücklich betonen, dass ich nicht glaube, allein mit diesem Buch und den vorgestellten Übungen ein seriöser, professioneller, sensitiver Berater werden zu können. Ich bin allerdings überzeugt, dass dieses Buch sehr gut helfen kann, seine Fähigkeiten zu entdecken. Darüber hinaus findet der Leser eine Vielzahl an Beispielen, mit denen er seine Sensitivität trainieren kann. Egal ob er Anfänger oder bereits fortgeschritten ist.

Dieses Buch ist stilistisch anders als meine bisherigen Bücher, da es sich bei diesem um ein reines Sachbuch handelt. Ich werde hier auch weniger über mich als Person schreiben. Ich möchte allerdings auch in diesem Buch wieder die Leserin und den Leser mit Du ansprechen, und außerdem werde ich jetzt nur noch *Leser* schreiben. Wenn du meine anderen Bücher bereits gelesen hast, dann kennst du diese Form schon. Ich mache dies nur deswegen, damit der Lesefluss erhalten bleibt. Ich darf betonen, dass ich auf keinen Fall die Frauen mit der männlichen Anredeform diskriminieren möchte. Sensitivität ist etwas unglaublich Spannendes, vor allem dann, wenn sie seriös ausgebildet ist. Wer seine Sensitivität geschult hat und sie einsetzen kann, der wird dadurch viele Vorteile im Leben haben. Mir geht es mit diesem Buch nicht nur darum, professionellen Beratern oder angehenden Beratern weiter Inputs zu geben, mein Interesse ist vielmehr, dass jeder seine persönliche Sensitivität nutzt und dadurch auf allen Ebenen seines Seins erfolgreicher wird.

So, mein lieber Leser, ich hoffe, du bist bereit, mit mir auf diese Reise zu gehen. Bitte lies das Buch nicht nur so, sondern führe die hier vorgestellten Übungen auch durch. Probier sie aus, nur so können sich deine Fähigkeiten entwickeln, und du kannst dein wahres Potenzial kennenlernen.

Danke, dass du mit mir auf diese Reise gehst.

Über den Autor

Ich darf mich kurz bei dir vorstellen, da ich nicht davon ausgehe, dass alle Leser meine anderen Bücher bereits gelesen haben.

Mein Name ist Pascal Voggenhuber, ich bin am 11. 2. 1980 geboren, und ich wohne in der Schweiz. In der Schweiz bin ich eines der jüngsten hauptberuflichen spiritualistischen Psychic Medien, und obschon ich noch jung bin, habe ich vor etwa zehn Jahren, also im Jahr 2000, mit meiner Ausbildung angefangen. Ich habe vor diesem bereits drei andere Bücher geschrieben, und alle wurden Bestseller, die in mehrere Sprachen übersetzt wurden. Deswegen wurde ich innerhalb kürzester Zeit eines der bekanntesten Medien in der Schweiz und über ihre Grenzen hinaus. Ich persönlich gebe in meiner Praxis keine sensitiven Beratungen mehr, sondern nur noch mediale Beratungen (Jenseitskontakte). Dies hat mehrere Gründe. Die Hauptgründe sind, dass man bei mir viele Monate warten muss, bis man einen persönlichen Beratungstermin bekommt, und wenn man ein persönliches Problem hat oder eine Standortbestimmung will, möchte man dies meistens innerhalb weniger Tage oder Wochen und möchte nicht Monate oder gar Jahre darauf warten. Deswegen biete ich zurzeit keine sensitiven Beratungen mehr an, sondern nur noch Ausbildungen

und Seminare im sensitiven Bereich. Meiner Meinung nach ist dies auch am vernünftigsten. Bei Jenseitskontakten ist die Wartezeit nicht so entscheidend. Natürlich möchte man als Klient auch gern so schnell wie möglich einen Termin bekommen. Doch kann man auch noch Jahre später, nachdem man einen geliebten Menschen verloren hat, mit ihm in Kontakt treten und Dinge klären oder aufklären, wodurch Heilung stattfinden kann. Oft ist es sogar von Vorteil, wenn einige Monate zwischen dem Tod eines geliebten Menschen und der Beratung liegen. Wer sich für meine Arbeit als Medium interessiert, findet in meinen anderen Büchern sehr viele Ratschläge und Hilfestellungen dazu. Ich habe in meiner Jugend mein Talent der außersinnlichen Wahrnehmung entdeckt. Sie zeigte sich mir vor allem in der Form der Hellsichtigkeit. Ich war bereits von klein auf hellsichtig, doch bewusst wurde mir dies erst mit etwa 19 Jahren. Vorher war es für mich normal, Dinge wahrzunehmen, die andere nicht sehen konnten, oder Verstorbene und Geistführer zu sehen. Es war für mich so normal wie das Atmen. Und so habe ich erst mit 19 Jahren gemerkt, dass dieses Talent nicht normal ist. Diese Erkenntnis war für mich ein großer Schock! Ich hatte vorher nie Probleme mit meinem Talent. Ich bezeichne diese Fähigkeit bewusst als Talent und nicht als Gabe.
Für mich ist dies ein Talent, und egal, ob man viel oder wenig außersinnliches Talent hat: Man muss diese Fähigkeit sorgfältig trainieren und ausbilden

lassen. Erst als mir bewusst wurde, dass dies nicht normal sein kann, bekam ich Angst vor dem, was ich sah, und diese Erkenntnis brachte mein ganzes Leben durcheinander. Glücklicherweise kam ich in der Schweiz sehr schnell auf eine mediale Schule, an der ich mich fünf Jahre intensiv ausbilden ließ. Danach ging ich nach England, wo ich meine Ausbildung am renommierten Arthur-Findlay-College fortsetzte, an dem ich mich bis heute regelmäßig weiterbilde.

Mir hat die Ausbildung hervorragend geholfen, vor allem am Anfang. Endlich musste ich mich nicht mehr als Sonderling fühlen, und endlich hatte ich kompetente Lehrer um mich herum, die mir halfen, mein Talent umfassend zu entwickeln und die zwei Welten – die Welt des Normalen und die Welt des Übersinnlichen – zu vereinen. Auch hatte ich großes Glück, eine Familie und Freunde zu haben, die nie an mir zweifelten oder mir das Gefühl gaben, krank zu sein, sondern die mir halfen, meine Welt mit allen Sinnen wahrzunehmen und leben zu können. Dies zu meiner Geschichte, damit du ein Stück weit nachvollziehen kannst, warum ich dieses Buch schreibe.

Die Grundlagen

Was ist Sensitivität?

Dieser Begriff ist nicht leicht zu definieren und zu erklären. Ich verstehe den Begriff eher im Sinne des englischen Verständnisses von Spiritualismus, da ich nach dem Englischen Spiritualismus ausgebildet wurde. Dort versteht man unter dem Begriff Sensitivität das Lesen von Energien und Objekten, die für uns alle sichtbar auf der »Erde« sind. Im Spiritualismus wird klar unterschieden zwischen Sensitivität und Medialität. Unter Medialität versteht man die Fähigkeit, mit Verstorbenen, Geistführern, Engeln, Erzengeln oder anderen Wesenheiten aus der Geistigen Welt zu kommunizieren. Bei der Medialität dient das Medium als Kanal für die Bewohner der Geistigen Welt. Bei der Sensitivität ist es ein bisschen komplexer. Die Botschaften kommen nicht aus der Geistigen Welt, sondern der sensitive Berater liest die Energie von Menschen oder Objekten, zum Beispiel die Energie von Aura, Stühlen, Möbeln, Plätzen oder Häusern. Ein sensitiver Berater steht nicht mit der Geistigen Welt in Kontakt, sondern er bezieht die Informationen direkt aus dem Energiefeld des Klienten oder aus Objekten. Egal ob ein Berater medial oder sensitiv arbeitet, bei beiden Arbeitsweisen werden dieselben Hellsinne gebraucht: Hellsehen, Hellhören, Hellfühlen, Hellriechen, Hellschmecken und Hellwissen. Doch die Quelle, aus der die Informationen kommen, ist eine andere. Auch ist ein sensitiver Berater kein Gedankenleser. Wenn jemand telepathische Fähigkeiten besitzt, dann liest er die Gedanken einer Person, und zwar im Grunde wortwörtlich. Daher wird ein sensitiver Berater oft von Außenstehenden mit einem Telepathen/Gedankenleser verwechselt. Ein Telepath kann im Grunde nur das lesen, was der Klient denkt, ein sensitiver Berater jedoch hat die Möglichkeit, mit seinen Hellsinnen auch in Bereiche vorzustoßen, die dem Klienten verborgen sind oder die er verdrängt hat. Diese Unterscheidungen zu kennen und zu verstehen, ist sehr wichtig bei der Lektüre dieses Buches. Den hier lernen wir nicht mit der Geistigen Welt zu kommunizieren, sondern die Energien von Objekten, die noch auf der Erde sind, zu lesen.

Was ist nun genau die Arbeit eines sensitiven Beraters? Im Grunde lässt sich dies nicht so einfach beschreiben, da es viele unterschiedliche Möglichkeiten gibt, die Sensitivität einzusetzen. Man kann diese Fähigkeit zum Beispiel für den normalen Alltag nutzen, um die richtigen Entscheidungen treffen zu können, um Personen, mit denen man zu tun hat, richtig einschätzen zu können, und es kann den Umgang mit unseren Mitmenschen in vielen Situationen vereinfachen. Man kann die Sensitivität auch in der Beratung einsetzen, zum Beispiel in der Lebensberatung, beim Coaching, bei der persönlichen Standortbestimmung, bei der Suche nach Personen oder Gegenständen, bei der Aufklärung von Verbrechen oder sogar bei der Spionage.

In diesem Buch geht es jedoch hauptsächlich darum, die Fähigkeiten für den Alltag oder für die Arbeit als sensitiver Berater zu trainieren. Wie jeder Einzelne die sensitiven Fähigkeiten gebraucht, muss er selbst entscheiden. Denn dieses Talent kann man für positive und leider auch für negative Dinge missbrauchen. Das hat jeder selbst zu verantworten.

Bin ich sensitiv?

Oft wird mir die Frage gestellt: »Bin ich sensitiv?«, die ich immer mit Ja beantworten kann, da jeder sensitiv ist. Die eigentliche Frage, die dahinter steht, ist jedoch, ob der Fragende selbst ein sensitiver Berater werden könne, ob er Talent dazu habe. Diese Frage jedoch ist weit schwerer zu beantworten. Denn für einen sensitiven Berater braucht man nicht nur Talent, sondern vor allem sehr viel Durchhaltevermögen. Auch wenn es dir vielleicht seltsam erscheinen mag: Das Talent ist nicht so entscheidend, viel entscheidender ist es, wie oft jemand übt und auch, ob er morgen bereits alles können, beherrschen möchte oder ob er sich die Zeit nimmt, einige Jahre seine Sensitivität zu trainieren. Ich hatte schon viele Schüler, bei denen ich zu Beginn ihrer Ausbildung dachte: »Gott hätte dir eigentlich ein wenig mehr Talent mitgeben können.« Doch oft sind jene, die von Natur aus weniger sensitives Talent mitbringen, wesentlich disziplinierter und daher am Ende ihrer Ausbildung auf demselben Stand oder sogar noch weiter als jene, die mit großem Talent zu mir in die Ausbildung kommen. Natürlich ist Talent wichtig und Grundvoraussetzung für Sensitivität, aber gerade beim Sensitiven kann man mit Fleiß und Übung sehr viel erreichen. Wie schon erwähnt, ist jeder Mensch sensitiv. Viele von uns gebrauchen ihre Sensitivität unbewusst, also ohne es zu wissen. Ich darf dazu ein paar Situationen beschreiben, in denen wir unsere Sensitivität gebraucht haben, die uns vielleicht bekannt vorkommen, die wir aber möglicherweise als Zufall abgetan oder erst gar nicht wahrgenommen haben, dass es sich dabei um eine außersinnliche Wahrnehmung handelte. Jeder kennt solche Situationen: Man lernt jemanden kennen und hat irgendwie das Gefühl, etwas stimme mit dem nicht. Ein paar Monate später erfährt man, dass diese Person im Gefängnis ist oder dass man von der Person belogen oder hintergangen wurde. Oder der Partner kommt spät nach Hause und entschuldigt sich damit, dass er länger arbeiten musste und Ähnliches. Obschon die Geschichte glaubwürdig klingt, sagt uns etwas in uns, dass das, was er uns hier auftischt, nicht stimmt, und schließlich finden wir heraus, dass die Sekretärin nicht 60, sondern knackige 25 ist. Bei diesem Beispiel ist es wichtig, dass man seine Eifersucht und seine Ängste nicht mit sensitiver Wahrnehmung verwechseln darf. Das ist eine Gefahr, gerade am Beginn, wenn man noch nicht trainiert ist und noch nicht unterscheiden kann zwischen Ängsten, Sorgen, Phantasien und richtiger, wahrer Sensitivität.

Eine andere Situation, die alle kennen, bei der wir aber meist nicht wissen, dass es sich um Hellfühligkeit handelt: Wir stehen im Einkaufscenter in einer Schlange an der Kasse. Plötzlich beschleicht einen ein eigenartiges Gefühl von hinten. Man dreht sich um und sieht, dass eine Person ganz nah hinter einem steht. Obschon man die Person nicht gesehen oder gar nicht bemerkt hat, bekam man ein befremdendes Gefühl. Solche Situation kennt jeder von uns. Doch die meisten würden dies nicht als außersinnliche Wahrnehmung bezeichnen. Doch genau das ist es.

Oder wir begegnen jemanden, der uns immer näher kommt, und auf einmal haben wir das Gefühl, uns fehlt die Luft, oder wir fühlen einen Druck im Solarplexus (Grube unter dem Brustbein). Hier handelt es sich ganz klar um Hellfühligkeit, da die Sensitivität über das Solarplexus-Chakra abläuft. Natürlich muss man auch hier beachten, dass man sich nichts vormacht. Es ist mir sehr unangenehm, wenn mir eine fremde Person bis auf 30 cm auf die Pelle rückt. Doch auch ein Abstand von 1,50 m kann ein unangenehmes Gefühl auslösen. Auch folgende Situation kennen wir sicher: Wir sind mit dem Auto unterwegs, und plötzlich haben wir das Gefühl, dass wir abbremsen sollten. Wir machen dies, ohne zu wissen, warum, und im nächsten Moment springt ein Kind auf die Straße oder ein Tier, oder wir passieren einen Radarkasten oder etwas Ähnliches. Auch das haben sicher schon viele einmal erlebt. Dabei sollte man prüfen, ob es nicht teilweise nur eine sensitive Wahrnehmung war, und es könnte auch der Schutzengel oder der Geistführer gewesen sein, der uns gewarnt hat. Doch auch dies wäre dann eine außersinnliche Wahrnehmung, und darum geht es im Folgenden. Ich könnte die Liste der Situationen, in denen wir unsere Sensitivität gebraucht haben, beliebig weiterführen, doch ich glaube, jeder Leser weiß jetzt, was ich unter Sensitivität verstehe.

Meiner Meinung nach hat jeder Mensch sensitive Fähigkeiten. Ob diese allerdings reichen, sie beruflich zu nutzen und als professioneller sensitiver Berater zu arbeiten, wird sich bei der Ausbildung zeigen. Doch ich bin überzeugt, dass jeder seine Fähigkeiten trainieren und für den Alltag oder auch im Beruf nutzen kann. In jedem Beruf ist die Sensitivität hilfreich. Wenn du deine Sensitivität nutzt, dann weißt du, ob ein Projekt gut ist oder schlecht, ob du diesen oder jenen Mitarbeiter einstellen sollst oder nicht, ob die neue Geschäftslage produktiv ist oder nicht, ob dieser Beruf, die Firma, der Chef für dich richtig und gut ist oder nicht. Auch diese Liste könnte ich unendlich weiterführen. Ich denke, jeder kann einen Nutzen daraus ziehen, wenn er seine eigene Sensitivität entdeckt und sie gebraucht.

Hellsinne

Die meisten Menschen haben folgende Begriffe schon einmal gehört: Hellsehen, Hellhören, Hellfühlen, Hellschmecken, Hellriechen und Hellwissen. Doch die wenigsten wissen, was damit genau gemeint ist, und während meiner Ausbildung fiel mir auf, dass die meisten meiner Lehrer nicht zwischen den *objektiven* und *subjektiven* Hellsinnen unterschieden. Ich mache diese Unterscheidung und habe festgestellt, dass sie den meisten Schülern eine große Hilfe ist. Denn unter Hellsinnen wird oft etwas Falsches verstanden. Daher ist es eine wichtige Grundlage für die Schulung der eigenen Sensitivität, dass man genau weiß, mit welchen Sinnen man gerade arbeitet. Es kann gut sein, dass bei dir alle Hellsinne entwickelt sind oder dass sie sich während deiner Ausbildung oder beim Üben mit diesem Buch entwickeln. Doch es kann auch sein, dass sich nur ein oder zwei Hellsinne entwickeln. Dabei ist dies gar nicht so wichtig. Viel entscheidender ist es, dass man jene Hellsinne, die man hat oder die man entwickelt, gut kennt und damit gut umgehen kann. Doch dazu muss man genau wissen, wie sie funktionieren.

Ich versuche, die Sinne so klar wie möglich zu beschreiben. Doch solltest du deine eigenen Erfahrungen machen und dich beim Üben beobachten, dann wirst du sehr bald entdecken, welche Sinne jetzt schon aktiv sind. Mit der Zeit wirst du merken, dass sich deine Hellsinne verändern und neue hinzukommen. Es kann auch Zeiten geben, in denen du das Gefühl hast, du würdest keine außersinnlichen Wahrnehmungen mehr haben, dass du gewissermaßen eine Pause hättest. So etwas kommt oft vor. Doch stellt dies nur eine vorübergehende Phase dar, wenn sich dein Energiefeld und deine außersinnliche Wahrnehmung neu einstellen und verändern. Das Wichtigste ist jedoch, dass du dir bewusst bist, dass sich deine Hellsinne immer wieder verändern, je mehr du trainierst, umso klarer werden sie.

Wenn du eine bestimmte Zeit pausierst oder deine Hellsinne nicht regelmäßig benutzt, dann kann es sein, dass auch deine Hellsinne *Urlaub* machen. Bei mir ist es oft so, dass ich während oder nach einem Urlaub oder nachdem ich längere Zeit keine Sitzungen mehr gegeben habe, bei den ersten Beratungen eine gewisse Anlaufzeit brauche. Diese ist meistens nicht sehr lange, aber ich gebrauche meine Hellsinne auch täglich mehrere Stunden. Heute dauert bei mir die Anlaufzeit nach so einer Pause etwa 10 bis 20 Minuten, früher konnte sie schon mal 1 bis 5 Tage gedauert haben. Doch nun zu den einzelnen Hellsinnen.

Hellsehen

Das Hellsehen ist wohl der bekannteste aller Hellsinne. Viele meiner Schüler möchten unbedingt hellsehen können, da sie denken, dass dies der klarste Hellsinn sei. Doch dies ist nicht immer der Fall. Hellsehen gibt es sowohl subjektiv als auch objektiv, genau hier liegt der große Knackpunkt. Die meisten sind subjektiv hellsichtig und werden dies auch bleiben. Eine objektive Hellsichtigkeit hat man meist von Geburt an, und man kann sie nur in den seltensten Fällen antrainieren. Obschon die meisten Kinder bis etwa um das 7. Lebensjahr herum hellsichtig und die meisten sogar objektiv hellsichtig sind, verlieren die allermeisten Menschen ab dem 7. Lebensjahr dieses Talent. Warum dies so ist, dafür gibt es verschiedene Theorien. Im Moment jedenfalls sind es noch Theorien. Was aber ist objektives Hellsehen genau? Objektives Hellsehen ist im Grunde so, wie wenn man mit den physischen Augen sieht, das heißt, ich kann kaum unterscheiden, ob ich etwas mit meinen physischen Augen oder mit dem dritten Auge wahrnehme. Dieses Talent ist ein wunderbares Geschenk, doch es birgt auch große Nachteile. So konnte ich früher kaum unterscheiden, ob ich einen Verstorbenen oder ob ich eine normale Person sehe. Heute kann ich dies zum Glück klar unterscheiden, da ich kaum noch objektiv hellsichtig schaue. Ein Beispiel, um es verständlich zu machen: Wenn ich eine Klientin in der Praxis habe und ich schaue mir ihre Beziehung an, kann es sein, dass ich plötzlich Bilder sehe, wie ihr Mann sie mit seiner Sekretärin betrügt, und ich nehme es dann so wahr, als würde dies im selben Raum passieren, in dem ich und die Klientin sich gerade befinden. Ich habe dann das Gefühl, ich könnte meine Hand ausstrecken und die beiden berühren. Beim subjektiven Hellsehen verhält es sich ganz anders. Hier handelt es sich um innere Bilder, so ähnlich, als wenn ich an jemanden denke. Wenn ich zum Beispiel an meine Mutter oder an meinen letzten Urlaub denke, steigen sofort Bilder und Erinnerungen in mir auf. Beim subjektiven Hellsehen ist es genau so, nur dass ich spüre, dass diese Bilder keine Erinnerungen von mir sein können, weil ich diese oder jene Situation, um die es gerade geht, nicht selbst erlebt habe. Wenn wir wieder auf unser Beispiel mit der Klientin zurückkommen, die von ihrem Mann betrogen wird, so sehe ich ihren Mann jetzt nicht mit der Dame bei mir in der Praxis, sondern das Bild kommt wie eine Erinnerung in mein Bewusstsein. Es handelt sich dabei um ein inneres Bild, als würde ich mich an die Situation zurückerinnern, obschon ich weder den Mann noch die Frau noch die Situation aus meiner eigenen Vergangenheit kenne.

Wenn man Verstorbene subjektiv wahrnimmt, ist es so, als wenn man sich einfach an diese Person zurückerinnert, obschon man diese Person meist nicht gekannt hat, weil die Klienten einem ja fremd sind. Subjektives Hellsehen haben viele Menschen schon von Anfang an, oder es stellt sich bei den meisten mit der Zeit ein. Ich werde später noch Übungen zeigen, wie man die einzelnen Hellsinne speziell trainieren oder entwickeln kann. Subjektives Hellsehen ist am Anfang nicht so einfach von der eigenen Phantasie zu unterscheiden. Objektives Hellsehen ist ganz klar, da gibt es keinen Zweifel mehr. Doch ich persönlich arbeite heute meistens nur noch mit dem subjektiven Hellsehen, da es mich weniger Energie kostet und ich auch die Bilder sehe, die ich besser verarbeiten kann. Da ich ausschließlich nur noch Jenseitskontakte gebe und vielfach auch zur Klärung der genauen Todesursache hinzugezogen werde, kann ich mit Bildern, die sich für mich wie Erinnerungen anfühlen, besser umgehen, als wenn ich das Gefühl habe, es passiert gleich jetzt, und zwar live vor mir. Da es bei vielen Sitzungen um Unfälle, Mord oder Selbstmord geht, kann ich die Geschehnisse, wenn ich sie subjektiv wahrnehme, besser verarbeiten, auch wenn ich es dann nicht ganz so genau sehen kann. Ich hoffe, der Unterschied ist verständlich und für dich hilfreich.

Hellhören

Der Unterschied zwischen objektivem und subjektivem Hellhören ist leicht zu erklären. Wenn man objektiv hellhörig ist, hört man die außersinnlichen Informationen so, als würde jemand mit einem sprechen, und zwar so, als würde man mit jemand telefonieren. Also die Stimme oder der Klang kommt von außen. Es ist wie richtiges Hören. Man kann es von richtigem Hören nicht unterscheiden. Subjektives Hellhören ist dagegen äußerst schwer wahrzunehmen. Es sind die Gedanken, die sich zu Wort melden. Doch wir wissen alle, dass sich diese über unseren inneren Dialog zu Wort melden. Dies lässt sich kaum von der inneren Stimme – dem Hellhören – unterscheiden. Wenn wir denken, hören wir unsere Gedanken-Stimme, die jedoch nicht unsere innere Stimme ist, sondern es sind einfach unsere Gedanken. Man muss schon sehr aufpassen, damit man diese zwei unterschiedlichen Vorgänge gut voneinander unterscheiden kann, denn die Gedanken-Stimme ist dabei ein schlechter Ratgeber. Melden sich doch mit ihr alle unsere Wünsche und Ängste zu Wort. Doch wenn man immer wieder trainiert, kann man die Hellhörigkeit bald von der Gedanken-Stimme unterscheiden. Zur besseren Unterscheidung der Hellhörigkeit von der Gedanken-Stimme eignet sich die Meditation sehr gut. Darauf komme ich später noch ausführlich zurück.

Hellfühlen

Meiner Meinung nach ist das Hellfühlen der wichtigste Hellsinn. Mit ihm kann man alle Informationen bekommen, und vor allem handelt es sich dabei um sehr präzise Informationen. Dieser Hellsinn wird von vielen Schülern, die noch am Anfang ihrer Ausbildung sind, meist sehr unterschätzt. Ich persönlich habe mich auch zu lange auf meine Hellsichtigkeit verlassen, da sie bei mir schon immer relativ stark ausgeprägt war. Heute dagegen arbeite ich vielfach vorwiegend mit meiner Hellfühligkeit, weil es mit ihr sehr einfach ist, genaue Informationen zu bekommen. Auch Hellfühligkeit lässt sich in objektive und subjektive Hellfühligkeit unterscheiden. Doch hier ist es am sinnvollsten, das subjektive Hellfühlen zu trainieren. Die Unterscheidung zwischen objektiver und subjektiver Hellfühligkeit ist auch wieder denkbar einfach. Um objektive Hellfühligkeit handelt es sich, wenn ich an meinem Körper zum Beispiel Rückenschmerzen spüre, die mir sagen, dass der Klient Rückenprobleme hat. Oder ich kann meinen Arm kaum noch bewegen, somit weiß ich, dass es sich um eine Behinderung im Arm handeln muss. Ich möchte dazu etwas Spannendes erzählen, was ich in diesem Zusammenhang einmal erlebt habe: Als ich meinen ersten eigenen Zirkel leitete, saß eine Schülerin neben mir. Ich bekam auf einmal fürchterliche Unterleibsschmerzen. Es ging mir richtig schlecht, ich wollte aber den Zirkel nicht abbrechen, da es erst der dritte Abend meines Zirkels war und ich Angst hatte, die Leute würden dann nicht mehr kommen. Ich war damals noch völlig unbekannt und versuchte gerade, mit meinem ersten Zirkel auf eigenen Beinen zu stehen. Ich bat meinen Geistführer um Hilfe und fragte: »Was ist los mit mir? Warum habe ich auf einmal solche Schmerzen?« Mein Geistführer gab mir den Hinweis, auf meine linke Seite zu schauen. Eine Kursteilnehmerin links von mir krümmte sich auch vor Schmerzen, und ich schaute sie an und fragte: »Hast du deine Periode? Ich habe so eigenartige Unterleibsschmerzen!« Sie schaute mich erschrocken an und bestätigte, dass sie gerade unter Menstruationsbeschwerden litt.

Kaum wusste ich, woher der Schmerz kam, oder besser gesagt, als mir klar war, dass ich den Schmerz nur hellfühlend, aber objektiv wahrgenommen hatte, war er bei mir auch weg. Ich bin also der erste Mann, der weiß, wie sich Regelschmerzen anfühlen. Wichtig ist, wenn man objektiv hellfühlend wahrnimmt, seien es Schmerzen oder andere Eindrücke, dass man sofort immer wieder loslässt. Bei subjektivem Wahrnehmen ist es, als hätte man zum Beispiel Unterleibsschmerzen. Es fühlt sich zwar so an, aber man spürt keinen richtigen Schmerz. Mit dem subjektiven Hellfühlen kann ich fast alles wahrnehmen, zum Beispiel Farben. Man muss sie nicht sehen, man kann die Aurafarben auch fühlen. Ich kann auch fühlen, ob zum Beispiel das Wohnzimmer meines Klienten groß oder klein ist, ob der Partner blond, braun, klein, groß, dick, dünn, alt oder jung ist. Die Hellfühligkeit ist ein unglaublich tolles Werkzeug, und ich empfehle jedem, auf die Hellfühligkeit großen Wert zu legen, da es das Talent ist, das am häufigsten vorhanden ist.

Intuition und Bauchgefühl

Häufig werde ich gefragt, welche Rolle die Intuition oder das Bauchgefühl spiele. Ich persönlich finde, dass beides dasselbe ist und dass es dasselbe ist wie subjektives Hellfühlen. Ich bezeichne Intuition und Bauchgefühl als subjektives Hellfühlen.

Hellschmecken und Hellriechen

Diese beiden Talente fasse ich zusammen, und ich möchte sie nur kurz erklären, da sie für den sensitiven Berater keine allzu große Bedeutung haben. Auch hier ist der Unterschied zwischen objektivem und subjektivem Hellschmecken und Hellrichten relativ schnell erklärt. Wenn ich etwas objektiv hellschmecke, ist es so, als hätte ich es wirklich im Mund. Beim Riechen ist es so, als wäre der Duft wirklich vorhanden. Bei subjektivem Hellriechen hat man zum Beispiel nur das Gefühl, dass es z. B. nach Rauch riecht, oder es schmeckt, als hätte man Schokolade im Mund. Wenn ich zum Beispiel jemandem eine Sitzung gebe, und ich bekomme auf einmal das Gefühl im Mund, als hätte ich gerade Alkohol getrunken, dann weiß ich, dass mein Klient ein Alkoholproblem hat. Dies nehme ich objektiv wahr. Wenn ich es nicht wüsste, dass ich vorher nichts getrunken hatte, würde ich wirklich glauben, ich hätte Alkohol getrunken. Und auch hier ist es so, dass das Gefühl sofort weg ist, sobald ich weiß, dass der Klient Alkoholiker ist oder er mir bestätigt, dass er gern und viel Alkohol trinkt. Manchmal hatte ich aber auch nur das Gefühl, als würde ich ein Parfüm oder einen bestimmten Duft riechen. In Wirklichkeit ist der Duft aber nicht real vorhanden, und doch ist er da. Wenn dies zutrifft, dann handelt es sich um subjektives Hellriechen. Ich persönlich habe diese zwei Hellsinne kaum trainiert, da ich sie weder für

Jenseitskontakte noch für die sensitive Arbeit nutzen kann.

Hellwissen

Hellwissen ist die Königsdisziplin, jedenfalls finde ich persönlich dies so. Das Hellwissen hat sich bei mir erst nach etwa acht Jahren Ausbildung eingestellt. Es ist ein wirklich geniales Werkzeug der außersinnlichen Wahrnehmung. Doch braucht man dafür sehr viel Vertrauen in seine Hellsinne. Denn beim Hellwissen weiß man – wie es der Name schon sagt – gewisse Dinge einfach. Ich lese dann die Information nicht hellsichtig aus der Aura oder sehe Bilder oder fühle, schmecke oder rieche es, sondern es handelt sich einfach um eine ganz klare Gewissheit. Dies setzt sehr viel Vertrauen voraus, damit diese Informationen, die einem einfach so in den Kopf kommen, auch stimmen. Mit der Zeit hat man aber ein ganz klares Gefühl und weiß, wann es sich um Hellwissen handelt und wann es nur ein Gedanke ist. Hellwissen ist meiner Meinung nach der einzige Hellsinn, der sich nicht in objektiv und subjektiv unterscheiden lässt. Hellwissen ist auch der einzige Hellsinn, der sich nicht wirklich trainieren lässt, sondern der mit der Zeit kommt und sich durch die Erfahrung immer klarer zeigt.

Der Instinkt hat nichts mit den Hellsinnen zu tun, auch wenn dies viele Menschen immer wieder glauben. Instinkt ist vielmehr der Trieb, der uns unser Überleben sichert. Ohne unseren Instinkt wären wir nicht überlebensfähig, obschon dieser natürliche Trieb bei den meisten Menschen bereits auffällig verkümmert ist. Ich bezeichne den Instinkt auch als die natürliche Intelligenz unseres Körpers, die leider immer mehr von unserem antrainierten IQ bekämpft wird. Der Instinkt sorgt dafür, dass wir mit allem Wichtigen versorgt sind. Dazu gehören zum Beispiel die Nahrung, ein Dach über dem Kopf, das Überleben, die Regeneration für unseren Körper durch Schlaf, die Abwehr von Feinden. Jedes Lebewesen hat einen Instinkt. Ohne diese Fähigkeit würden weder wir noch die Tiere überleben können. Wer einen guten Instinkt hat, dem fällt es auch leichter, seine Hellsinne zu aktivieren und zu gebrauchen. Leider hören wir viel zu wenig auf unseren Instinkt, sondern verlassen uns viel zu oft auf ein uns antrainiertes Wissen, zum Beispiel bei der Ernährung: Wir quälen uns lieber mit Diäten oder unnatürlichen Nahrungsergänzungen, als dass wir auf unseren Körper hören und in ihn hineinfühlen würden, was er wirklich braucht. Der Instinkt würde uns nämlich sagen, wann es Zeit ist zu ruhen oder zu schlafen, doch wir machen die Nacht zum Tag und ruhen dann, wenn wir gerade Zeit dafür finden und nicht, wann es richtig für uns wäre. Wir essen nicht, wenn der Körper die Nahrung braucht, sondern wenn wir Zeit oder Lust haben oder was noch schlimmer ist: Immer mehr Menschen essen aus Langeweile und nicht, weil sie dem Körper Nahrungsstoffe zuführen wollen. Wenn wir wieder auf unsere Instinkte, auf unsere Grundbedürfnisse hören, werden wir uns selbst wieder näherkommen. Wir werden, ohne etwas tun zu müssen, wieder glücklicher, weil wir uns wieder natürlich verhalten.

Die sensitiven Fähigkeiten entwickeln

Es gibt diverse Dinge, die einem helfen können, die sensitiven Fähigkeiten zu verstärken oder zu verbessern. Doch nur mit diesen Übungen schafft man es dann doch nicht. Leider gibt es kein Zauberelixier, das man sich auf das dritte Auge geben könnte, und schon ist die Hellsichtigkeit da! Leider nicht! Sonst hätte ich auch so ein Zaubermittel genommen und hätte nicht all die Jahre zu trainieren brauchen. Ich muss zugeben, dass ich in meiner Vergangenheit viel herumexperimentiert habe. Auch ich wollte eine Abkürzung nehmen und habe diverse Methoden ausprobiert. Doch fand ich keinen Weg zur Abkürzung meiner Ausbildung. Leider! Dennoch gibt es einige Dinge, die uns helfen können, die außersinnlichen Fähigkeiten zu fördern. Ich hatte es schon einmal kurz erwähnt: Äußerst wichtig ist der eigene Lebens-

wandel. Du musst geistig und psychisch fit sein. Ferner ist eine gute, gesunde Ernährung außerordentlich wichtig. Ich persönlich empfehle leichte vegetarische Kost. Aber ganz ehrlich: Dies heißt nicht, dass sich die Sensitivität ohne Übung einstellt, nur weil du bei deiner Ernährung auf Fleisch verzichtest, oder dass deine Sensoren schlechter sind, nur weil du Fleisch isst. Ich persönlich habe jedenfalls festgestellt, dass es sehr hilfreich sein kann, Fleisch und ungesunde Nahrungsmittel zu vermeiden oder sie zumindest stark einzuschränken. Doch sollte dies ohne Druck passieren, denn du darfst die Frage der Ernährung nicht als etwas Schlechtes oder Böses betrachten, da sie dir sonst mehr schadet als hilft. Jedenfalls ist die Ernährung nicht alles. Wichtig ist es, genügend Ruhe zu haben. Gib deiner Psyche Zeit, alles, was du erlebst und was dir widerfährt, zu verarbeiten. Achte auf ausreichend Schlaf. Nach der ayurvedischen Lehre ist es wichtig, vor 22 Uhr ins Bett zu gehen und zwischen 5:00 und 6:20 Uhr aufzustehen. Probier es aus, und du wirst sehen, dass du ein anderer Mensch wirst.
Und noch ein Tipp: Iss die letzte Mahlzeit vor 18:00 Uhr. Du wirst dich in der Nacht viel mehr und besser erholen, dich verjüngen, und vielleicht verlierst du sogar ein paar Kilo Gewicht. Ist manchmal ja nicht schlecht! Regelmäßige Psychohygiene ist enorm wichtig. Wenn du Ängste und Sorgen hast, wenn dein Kopf, deine Psyche mit Belastungen voll sind, wie willst du dann feine außersinnliche Schwingungen wahrnehmen können? Dies geht nicht! Die Psycho-

hygiene funktioniert auf vielfältige Weise: Ich selbst finde zum Beispiel, dass Tagebuch führen eine sehr gute Methode zur Psychohygiene ist. Ich schreibe mir nur die Dinge und Ereignisse auf, die gut gelaufen sind, die mir Freude bereitet haben, wofür ich dankbar bin. Daher kann ich jedem nur empfehlen, jeden Tag das aufzuschreiben, wofür man dankbar ist in seinem Leben. Auch wenn man dabei manchmal das Gefühl hat, es handle sich um banale Dinge. Wir müssen lernen, uns wieder mit dem Positiven zu beschäftigen. Wer das Positive wieder sehen kann, dem geht es automatisch besser. Viele Klienten oder auch Schüler, die ich gefragt habe, was gut an ihnen sei, was ihnen an sich selbst besonders gefalle, blieben bei der Frage stumm. Wenn ich aber fragte: Was magst du gar nicht an dir? Wer oder was stört dich in deinem Leben? Darauf wussten alle Tausende Dinge zu erzählen! Ist das nicht traurig? Das ist für mich Armut! Also, werde reich! Auf allen Ebenen deines Seins!

Was kostet es dich, ein Tagebuch zu führen? Am Anfang vielleicht gerade mal zwanzig Minuten Zeit. Wenn du täglich Tagebuch führst, fallen dir innerhalb kürzester Zeit viele positive Ereignisse ein, dass du für eine DIN-A4-Seite zwei bis drei Minuten brauchst! Nimm dir vor, jeden Tag nur eine Seite zu schreiben! Natürlich ist tägliches Trainieren sensitiver Übungen notwendig oder ideal, darüber werde ich im Folgenden noch ausführlich schreiben und viele Beispiele geben, damit du allein, in der Gruppe, im Zirkel oder zusammen mit Freunden üben kannst. Was unglaublich hilfreich sein kann, um die übersinnlichen Fähigkeiten zu trainieren, das ist Yoga. Ich persönlich hätte dies nie gedacht. Ich hatte während meiner Ausbildung zum Medium auch Yoga-Unterricht, und jeder, der mich dort kennengelernt hat, weiß, dass ich nicht gerade ein Musterschüler war, wenn es um Yoga ging. Ich fand Yoga unglaublich anstrengend, und ich habe damals nicht einsehen wollen, wie sehr es mir helfen kann. Heute sehe ich das ganz anders. Ich habe Yoga noch einmal neu kennenlernen dürfen. Ich kann mir vorstellen, dass viele Leser – wenn sie Yoga hören oder von Yoga lesen – denken wie ich damals auch: Yoga ist anstrengend, und sie sehen vor ihrem geistigen Auge Yogis verharrt in den unmöglichsten Verrenkungen, von denen man als Laie überzeugt ist, dass sie ungesund sind. Doch dies ist nur ein Aspekt von Yoga, und es gibt ganz andere Yoga-Stile und -Richtungen oder auch Übungen, die sich für jeden eignen.

Yoga hat nichts mit Verrenkungen zu tun. Yoga ist vielmehr ein ausgezeichnetes Hilfsmittel, um unter anderem seine außersinnlichen Fähigkeiten zu trainieren. Dies wussten schon die alten Yogis, und Patanjali hat dies sogar in den Yoga-Sudren erwähnt. Heute hat Yoga für mich eine ganz besondere Bedeutung, daher wird in den nächsten Monaten sogar ein Yoga-Buch erscheinen, das ich als Koautor mitverfasst habe: »Yoga Siddhis – Der praktische Weg zu Intuition, Sensitivität und Medialität«.

Hauptautorin ist meine Frau Bahar Voggenhuber. Bahar ist Yogalehrerin, und sie versuchte, mich schon immer davon zu überzeugen, dass Yoga dabei helfen kann, die außersinnlichen Fähigkeiten zu fördern. Doch ich war auf diesem Ohr anscheinend taub und wollte nichts davon wissen. Im Grunde aber hatte ich Angst, ich könnte mir bei den Verrenkungen die Knochen brechen, und so blieb ich lieber bei meinem Kampfsport. Als Bahar und ich in der Schweiz das SoHam-Center eröffneten, kam Bahar immer mal wieder als Schülerin zu mir in den sensitiven Unterricht, und mir fiel dabei auf, dass ihr die Übungen viel leichter fielen als den anderen Kursteilnehmern. Zuerst dachte ich: »Liebe macht blind!« Ich erzählte anfangs Bahar nichts davon, sondern wollte der Sache auf den Grund gehen und herausfinden, warum bei ihr weit größere Fortschritte in wesentlich kürzerer Zeit zu beobachten waren als bei anderen Schülern. Bald kam ich auf den Grund dieser Beobachtung: Zum einen war es Bahars tägliche Meditationspraxis, worauf ich an anderer Stelle noch eingehen werde, und zum anderen bemerkte ich, als ich sie bei ihrer persönlichen Yogapraxis beobachtete, dass bei ihr die Energien in der Aura anders flossen als bei den anderen Teilnehmern, dass dabei Chakren aktiviert wurden und dass sich dadurch der Energiekörper veränderte. Ich fragte Bahar, was sie denn da mache. und sie erklärte mir, dass sie 18 Yogaübungen entwickelt habe, um die außersinnlichen Fähigkeiten zu aktivieren und zu trainieren. Für mich hörte sich dies unglaublich an, doch ich konnte es mit meinen eigenen Augen sehen. Die Übungen, die sie machte, waren auch keine Verknotungen, sondern es waren Übungen, die Alt, Jung, Dick, Dünn und sogar Faule wie ich ganz leicht lernen und durchführen können, ohne Anstrengung und Schweiß.

Yoga ist kein Wundermittel, man muss es allerdings regelmäßig machen, dann hat es eine unglaubliche Wirkung. Ich war so begeistert, dass ich Bahar bat, meine sensitiven bzw. medialen Schüler in Zukunft in Meditation und in Yoga-Siddhis zu unterrichten. Und schließlich wurde an dem Tag dann auch die Idee für das Yoga-Buch geboren. Ich hätte nie gedacht, dass ich einmal ein Buch über Yoga schreiben würde, auch wenn ich nur Koautor bin.

Ein weiteres wichtiges Thema ist die Meditation. Meditation ist deswegen so interessant, weil man sie überall praktizieren kann und man keine großen Vorkenntnisse dazu braucht. Meditation ist fast schon eine Wissenschaft für sich, und es gibt auch in der Meditation unglaublich viele unterschiedliche Richtungen und Aufspaltungen. Ich möchte im folgenden Abschnitt das Thema so einfach und unkompliziert wie möglich gestalten. Vielleicht wird so mancher meiner Schüler stöhnen und sich denken: »Nicht schon wieder über die Meditation referieren!« Doch für mich ist Meditation die wichtigste Übung überhaupt. Wer nicht meditieren kann, wird bestenfalls ein mittelmäßiger Sensitiver! Ich wollte es früher auch nicht wahrhaben. Warum aber ist es so? In der Meditation lernen wir, still zu sein, sowohl im Körper als auch im Geist, und vor allem lernen wir, uns auf nur einen Punkt zu fokussieren, zum Beispiel auf den Atem, das Kerzenlicht, den Klang, ein Mantra, oder worauf immer du dich auch fokussierst. Meditation ist eine geniale Konzentrationsübung. Und Konzentration ist das A und O der sensitiven Arbeit.

Wir müssen uns in einer Beratung absolut auf die übersinnlichen Signale konzentrieren, die wir über die Hellsinne wahrnehmen. Sie können im Sekundentakt übermittelt werden. Es kann sich dabei um sehr viele Botschaften auf einmal handeln, und wer sich dabei nicht konzentrieren kann, der verpasst den Großteil dieser Informationen. Außerdem haben Untersuchungen gezeigt, dass Menschen, die regelmäßig meditieren, im Gehirn sogenannte Gammawellen (100–38 Hertz) erzeugen. Diese Wellen werden mit Spitzenleistungen (peak performance), mit starker Fokussierung und Konzentration sowie mit mystischen und transzendenten Erfahrungen in Verbindung gebracht. Auch wurden Verschmelzungserlebnisse (alles ist eins), das Gefühl des universellen Wissens oder Verstehens sowie der Verlust des Ich-Gefühls beobachtet. Doch damit wir das wahrnehmen können, brauchen wir eine mehrjährige regelmäßige Übung und Praxis. Aber es gibt hierfür Hilfsmittel, diesen Zustand schneller zu erreichen, zum Beispiel sogenannte Hemi-Sync-Musik, mit der ich sehr viel arbeite. Diese Musik gibt es auf CDs. Nähere Informationen dazu findet man im Internet. Allerdings kann auch eine solche Musik die Meditation nicht ersetzen. Daher kann ich nur empfehlen, am Anfang einer Meditationsgruppe beizutreten, um die Meditation richtig zu erlernen. Viele verstehen unter Meditation, die Augen zu schließen und zu entspannen. Doch genau das ist Meditation eben nicht. Meditation ist nicht Entspannung, sondern den Fokus auf einen Punkt zu legen und das Bewusstsein zu stärken. Oft wird mir gesagt: »Ich schlafe während der Meditation ein.« Ein Meditationslehrer sagte einmal zu mir, dass es in Ordnung ist, wenn man bei der Meditation einschläft, da mein Unterbewusstsein auch im Schlaf Informationen aufnimmt. Nun will ich solche Aussagen nicht bewerten, aber bei der Meditation geht es darum, das Bewusstsein zu schärfen und nicht unser Unterbewusstsein noch mehr zu füllen. Unser Unterbewusstsein nimmt in jeder Minute alles auf, was um uns herum passiert. In der Meditation jedoch geht es gerade darum, ruhig zu werden und zu Bewusstsein zu kommen. Ich frage mich auch, was das Unterbewusstsein eigentlich aufnehmen soll? Sicher wird mein Unterbewusstsein, wenn ich einschlafe und mir eine Meditations-CD anhöre, den Text aufnehmen. Doch dies ist nicht das Ziel der Meditation. Es gibt spezielle Meditations-CDs für die Nacht. Ich selbst habe auch eine solche CD zum Thema Selbstheilung produziert, doch dabei geht es nicht wirklich darum, zu meditieren, sondern diese CDs arbeiten mit positiver Suggestion. Und dies hat im Grunde genommen sehr wenig mit Meditation zu tun. Für die Art der Meditation, die wir zum Entwickeln unserer Sensitivität brauchen, ist keine Anleitung notwendig und auch keine CD. Vielmehr müssen wir uns fokussieren. Was darunter genau zu verstehen ist, werde ich an anderer Stelle noch präziser erklären.

Wenn du zu müde bist, um zu meditieren, dann gehe schlafen, aber schlafe nicht beim Meditieren. Viele glauben, dass es in der Meditation darum geht, zu beten, zu träumen oder sich Gedanken über irgendwelche Probleme zu machen bzw. positive Zukunftsprojekte zu entwickeln, zu planen etc. Meditation in meinem Verständnis ist dies alles nicht. Wenn man das Bewusstsein schärft und regelmäßig meditiert, wirst du zu einer unglaublichen Ruhe kommen. Du wirst deinem spirituellen Selbst näherkommen und einen unermesslichen Frieden empfinden. Darüber hinaus wirst du große Fortschritte in der Sensitivität machen. Aber auch auf deine Gesundheit, und zwar sowohl auf psychischer als auch auf physischer Ebene, hat die Meditation positive Auswirkungen. Außerdem wird sie dir helfen zu verstehen, wer du bist und was deine Aufgabe in diesem Leben ist.

Falls du einem sensitiven Übungszirkel beitrittst, ist es empfehlenswert, dort immer wieder zu meditieren. Ein Zirkel ist sehr wichtig für eine gute sensitive Entwicklung, mehr dazu im nächsten Kapitel.

Zurück zur Meditation. Die Vorteile der Meditation sind:
– Meditieren kostet nichts
– Meditation kann man allein praktizieren

Man kann überall meditieren, egal, ob allein oder in einer Gruppe, ob im Urlaub oder auf Geschäftsreise. Und Meditation ist immer möglich. Wer dagegen nicht meditieren will, wird immer eine Ausrede dafür finden. Er wird vorgeben, zu wenig Zeit zu haben, Meditieren bringe ihm nichts, er schlafe dabei ein etc. Die beste Ausrede ist immer noch: »Ich bin einfach zu faul, und ich bin es mir nicht wert, etwas Gutes zu tun!« Das klingt zwar hart, aber es ist wenigstens ehrlich.

Was man zum Meditieren braucht

Für eine Meditation ist nicht viel notwendig: Zunächst einmal muss man Geduld haben, einen ruhigen Ort und ein paar Minuten Zeit täglich, in denen du ungestört bist. Wenn du Lust hast, kannst du während der Meditation auch eine Kerze oder Räucherstäbchen anzünden oder etwas Spezielles vorbereiten, doch muss dies alles nicht sein. Wichtig ist vor allem eins: Glaube nicht, wenn du dich kurz einmal hinsetzt, die Augen schließt, dich von Meditationsmusik berieseln lässt und ein bisschen Weihrauch oder Räucherstäbchen inhalierst, dass dann sofort die Erleuchtung käme. Du solltest gerade nicht für die Erleuchtung meditieren oder nur dazu, dass deine Sensitivität trainiert wird. Meditiere vielmehr, weil du Freude dabei empfindest und weil du Spaß an der Meditation hast. Nicht weil es hier im Buch steht und ich es dir empfehle, sondern weil du dir etwas Gutes tun möchtest, sollte der Grund für deine Meditation sein. Am Anfang brauchst du auch nicht dreißig oder sechzig Minuten zu meditieren. Nimm dir genug Zeit, damit die Meditation dir keinen Stress macht. Meditiere am Anfang lieber jeweils nur fünf bis zehn Minuten, dafür aber täglich, statt einmal in der Woche sechzig Minuten.

Und so beginnst du mit der Meditation: Setz dich auf einen Stuhl oder auf den Boden (ich möchte das Liegen beim Meditieren nicht empfehlen). Achte darauf, dass du wirklich bequem sitzt. Es ist von Vorteil, wenn dein Rücken so gerade wie möglich ist. Am Anfang kann es sehr gut sein, dass deine Rückenmuskulatur auf eine gute Körperhaltung nicht vorbereitet ist und sehr schnell zu schmerzen beginnt. Deswegen kann es auch von Vorteil sein, die Meditation am Anfang kurz zu halten, damit sich auch dein Körper an eine gute Sitzposition gewöhnen kann. Wenn du Schmerzen bekommst, kannst du auch nicht meditieren. Wenn du wie eine Banane dasitzt, hast du allerdings auch nicht viel vom Meditieren. Ob du während der Meditation Musik hörst oder nicht, sei dir überlassen. Spüre in dir nach, was für dich stimmig ist. Musik kann helfen oder manchmal eben auch nicht. Ich persönlich meditiere immer mit meinem Atem. Dies ist auch die Technik, die ich meinen Schülern empfehle. Vom Yoga her gibt es sehr viele verschiedene Atemtechniken (Pranayamas). Die folgende Atemtechnik ist z. B. sehr einfach, sodass sie jeder mühelos nachvollziehen kann.

Der Atem ist unglaublich wichtig, er wird viel zu oft unterschätzt. Die meisten Menschen atmen gerade so viel, dass sie nicht ersticken. Dabei ist richtiges Atmen unglaublich wichtig. Der Atem versorgt unseren Körper nicht nur mit Sauerstoff. Richtige Bauchatmung massiert viele unserer inneren Organe und bringt sie wieder ins Gleichgewicht. Und genau dies ist für unsere Gesundheit enorm wichtig. Daher ist es ideal, sich beim Meditieren auf den Atem zu fokussieren. Und damit tue ich mir selbst zusätzlich noch etwas Gutes. Atme langsam und bewusst durch die Nase ein und sanft wieder durch die Nase aus. Das Atmen sollte aber automatisch geschehen und nicht von uns bewusst beeinflusst werden. Das ist gar nicht so einfach! Wichtig ist es, in den Bauch zu atmen, ich empfehle allen Anfängern, aber auch den Fortgeschrittenen, ab und zu eine Hand auf den Bauch zu legen, um zu prüfen, ob der Atem auch wirklich in den Bauch geht. Jetzt lege deine ganze Aufmerksamkeit nur auf deinen Atem. Fühle nur das Ein- und Ausatmen! Spüre, wie die Luft beim Einatmen kühler und beim Ausatmen wärmer ist. Versuche dich die nächsten paar Minuten ganz auf deinen Atemstrom zu konzentrieren. Dies ist die beste und einzige Form zu meditieren. Versuche nicht, die Gedanken loszulassen! Dies ist kaum möglich. Bleib einfach mit den Gedanken beim Atmen. Sollte ein anderer Gedanke in dein Bewusstsein vordringen, zum Beispiel die Kinder, dein Mann, die Hausarbeit, das Auto, das man noch waschen sollte, die Rechnungen, die man noch zahlen muss usw., nimm die Gedanken wahr, aber steige nicht darauf ein. Denk nicht über den aufkommenden Gedanken nach, sondern nimm ihn wahr und geh mit der Aufmerksamkeit wieder zurück auf deinen Atem.

Einatmen – Ausatmen, Einatmen – Ausatmen, Einatmen – Ausatmen … Es kann auch hilfreich sein, am Anfang mit einer CD zu meditieren. Am Ende des Buches findest du noch einige Meditationen, die du dir selbst auf ein Band sprechen kannst. Aber auch im Handel findest du einige Meditations-CDs von mir.

Zirkel und Zirkel-Formen

Das Zirkel-Training ist meiner Meinung nach etwas sehr Wichtiges. Das Zirkel-Training kommt aus dem englischen Spiritualismus. Das Wort *Zirkel* hört sich so an, als handle es sich dabei um etwas sehr Spezielles. Es klingt vielleicht ein wenig nach Hexen-Zirkel oder Geheimlogen. Doch im Grunde bedeutet Zirkel nichts anderes, als dass sich Menschen in Gruppen versammeln, um gemeinsam ihre Sensitivität zu fördern und auszubilden. In England geschieht die Hauptausbildung in Zirkeln und nicht wie bei uns in Wochenendseminaren. Man trifft sich ein- bis mehrmals die Woche, um gemeinsam zu üben. Natürlich ist es sinnvoll, wenn der Zirkel von einem kompetenten Lehrer geführt wird, der selbst schon ein fertig ausgebildetes Medium ist und über große praktische Erfahrung verfügt. Vielleicht ist dies auch nicht immer möglich, dann können sich einfach Interessierte zusammentun und gemeinsam die Übungen machen, die ich mit diesem Buch darstelle. Ich werde später im Buch spezielle Übungen zeigen, die sich sehr gut für das Zirkel-Training eignen. Es gibt offene und geschlossene Zirkel. Der Unterschied ist schnell erklärt: Der offene Zirkel steht – wie der Name schon sagt – jedem offen, der an Sensitivität oder Medialität Interesse hat. An einem offenen Zirkel können zwischen 2 bis 100 Personen teilnehmen, manchmal sogar noch mehr, je nach Ort und Land. Meistens beginnt man in einem offenen Zirkel, und nach einigen Jahren bekommt man die Möglichkeit, einem geschlossenen Zirkel beizutreten. In der Regel wird man dazu eingeladen, und häufig werden geschlossene Zirkel auch nicht beworben, da man ohnedies als Außenstehender nicht einfach so in den Kreis hineinkommt. Im geschlossenen Zirkel finden keine Geheimrituale statt oder sonst was Geheimnisvolles, jedenfalls nicht in einem seriösen spiritualistischen Zirkel. Vielmehr treffen sich dort einfach die Fortgeschrittenen oder die ernsthaft Übenden, die schon einige Jahre Erfahrung haben. Es gibt keine Regel, wie lange man bei einem

Zirkel bleibt. Dies können ein bis drei Jahre sein. Die meisten Teilnehmer bleiben 10 Jahre und noch länger in ihrem Zirkel. Viele meiner Lehrer, die zum Teil schon zwischen 35 und 50 Jahren als Medium arbeiten, sind auch schon so lange in einem Zirkel. Auch ich gehe seit über zehn Jahren immer wieder in meinen Übungszirkel, in dem ich Schüler bin. Denn egal, wie lange man schon als Medium oder als sensitiver Berater arbeitet, man hat nie ausgelernt und muss immer wieder üben. Es gibt immer noch Dinge, die man verbessern, die man trainieren kann. Und so lange man sich dessen bewusst ist, läuft man auch nicht Gefahr, abzuheben und spirituellem Hochmut zu verfallen. Dies ist die größte Falle auf dem spirituellen Weg. Schon mancher Meister war kein solcher und ist in diese Falle getappt. Wenn du jemanden triffst, der von sich behauptet, er sei ein spiritueller Meister, dann sei vorsichtig! Ein wahrer Meister muss dies nicht von sich behaupten. Die Menschen erkennen sehr schnell, ob er ein Meister ist, ohne dass er etwas sagen müsste.

Die Zirkel – gerade die offenen Zirkel – haben auch den Vorteil, dass immer wieder neue Menschen hinzukommen. Somit stehen einem immer genügend Menschen zur Verfügung, um seine Sensitivität zu trainieren. Denn wenn immer die gleichen Teilnehmer da sind, kennt man sich mit der Zeit sehr gut, und es ist wird zunehmend schwieriger, dass einem nicht der *Kopf* in die Quere kommt. Ich erinnere meine Schüler immer wieder daran, dass sie so wenig Privates wie möglich erzählen sollen, damit beim Üben nicht das Erzählte im Weg steht. Wenn ich zum Beispiel weiß, dass Person X ihren Job verloren hat, werde ich mich beim Üben immer wieder an dieses Wissen erinnern, und ich werde mich kaum oder nur sehr schlecht auf meine außersinnlichen Fähigkeiten konzentrieren können. Natürlich hat der offene Kreis auch den Nachteil, dass er immer wieder auch Menschen anzieht, die mehr aus Neugier kommen, nicht aber, weil sie ernsthaft mit sich arbeiten wollen oder ihre Sensitivität trainieren möchten. Das muss uns aber nicht beunruhigen, denn meistens bleiben sie nicht lang. Oft kommen sie ein- oder zweimal und bleiben dann weg.

Es kommen auch immer wieder Menschen, die meinen, alles besser zu können als der Lehrer. Mit ihrem meist sehr überheblichen Auftreten können sie aber eine Gruppendynamik stören oder sogar zerstören. In diesem Fall liegt es am Lehrer, die Gruppe vor solchen Teilnehmern zu schützen. Ich empfehle dann den Besserwissern, da sie ohnedies schon alles wüssten, doch dort hinzugehen, wo sie noch etwas lernen können. Ich schließe Störenfriede relativ schnell aus dem Kreis aus, da sie die anderen Teilnehmer nur verunsichern. Doch ganz egal, in welchen Zirkel du gehst oder welches Seminar du besuchst, lass dich nicht verunsichern! Meistens handelt es sich bei den Kursteilnehmern mit dem größten Mundwerk, die schon alles können, um die totalen Anfänger. Die fortgeschrittenen Schüler erkennt man daran, dass sie still sind, sich Notizen machen, dem Lehrer zuhören und sich nicht ständig selbst beweihräuchern. Lass dich nicht entmutigen, auch wenn du manchmal das Gefühl hast, du würdest gar nicht vorankommen oder dass alle anderen Teilnehmer schon viel weiter sind als du. Bedenke, außersinnliche Wahrnehmungen zu trainieren ist nichts, was man sich von heute auf morgen antrainieren kann. Die ersten drei bis vier Jahre sind die schwierigste Phase. Erst danach wird es einfacher. Und dennoch wirst du auch dann noch Tage haben, an denen du das Gefühl hast, dass nichts geht, dass du nichts kannst, dass du nicht vorankommst. Doch solltest du wissen, dass du nicht der Einzige bist, dem es so geht und der so denkt. Jeder, der mit dir im Zirkel ist, kennt diese Unsicherheit, auch dein Lehrer. Auch er zweifelt ab und zu an sich selbst und seiner Sensitivität. Ich persönlich habe diese Zweifel auch immer wieder. Der Unterschied zu früher ist lediglich, dass ich mittlerweile weiß, dass sich die Zweifel bald wieder legen und dass sie heute meistens nur ein paar Minuten oder Stunden bleiben und nicht mehr Tage, Wochen oder Monate, wie das früher manchmal gewesen ist.

Der beste Weg, seine Zweifel zu besiegen, ist der Spaß an der Sensitivität, egal ob die Übungen, die du machst, gerade erfolgreich sind oder nicht. Meistens lernt man aus einer nicht so erfolgreichen Übung wesentlich mehr als aus einer vermeintlich erfolgreichen. Der Vorteil eines Zirkels ist ferner, dass man eine größere Anzahl Menschen kennenlernt, die sich für dieselben Themen interessieren wie man selbst, und somit findet man auch eine ganze Reihe neuer Freunde und Gesprächspartner, die offen für das Übersinnliche und Spirituelle sind. Und gerade dies fehlt sehr vielen Schülern am Anfang.

Hilfsmittel für sensitives Arbeiten

Manchmal ist es ganz schön verwirrend im Esoterik-Dschungel, der eine legt Karten, der andere liest aus dem Kaffeesatz, wieder ein anderer liest aus der Hand oder macht Aura-Reading usw. Aber warum und wozu braucht man das alles? Oder könnte man darauf vielleicht verzichten? Es gibt darauf keine allgemein gültige Antwort. Es hängt von den verschiedenen Vorlieben und den individuellen Fähigkeiten des jeweiligen Sensitiven ab. Doch muss man bedenken, jedes Hilfsmittel richtet den Fokus auf etwas ganz Bestimmtes und dient dazu, seinen Geist zu leeren, damit die außersinnlichen Informationen besser fließen können. Im Grunde kann man aus allem Informationen herauslesen, zum Beispiel aus Turnschuhen, Taschenlampen, Stühlen, Kugelschreibern und vielem mehr. Alles, was der Klient berührt hat, ist durchtränkt von seiner Energie. Somit kann ein guter sensitiver Berater auch alles nutzen, um an die Informationen zu kommen, die er haben möchte oder braucht. Ich habe früher Karten gelegt, später habe ich Aura-Bilder gemalt und sie interpretiert. Dann habe ich nur noch Aura-Readings durchgeführt, d. h., ohne Utensilien und Materialien. Das stimmt zwar nicht genau, denn die Aura ist ja auch nichts anderes als ein bestimmter Aspekt einer Person. Der Unterschied dazu ist lediglich, dass es kein grobstofflicher Blickwinkel ist, wie dies z. B. bei den anderen Betrachtungsweisen der Fall ist.

Im folgenden Kapitel möchte ich daher kurz die bekanntesten Hilfsmittel vorstellen. Wie du an anderer Stelle dieses Buches sehen wirst, gibt es auch Übungen, bei denen du nie auf die Idee kommen würdest, dass sie uns lediglich dabei unterstützen, uns über unsere Sensitivität zu informieren.

Kartenlegen

Kartenlegen ist meines Erachtens das bekannteste Orakel und zugleich das am häufigsten verwendete Hilfsmittel für die Sensitivität. Es gibt zwei verschiedene Anwendungsweisen des Kartenlegens: mit der ersten lernt man die Karten und ihre Bedeutung auswendig und mit der anderen liest man die Karte inspiriert. Dabei liest man mit den Hellsinnen die Energie der Karte und die Energie der Abbildung auf der Karte. Dies ist auch die Methode, die ich bevorzuge, da ich auf diese Weise mit jedem Kartendeck arbeiten kann und nicht allein auf das angewiesen bin, das ich auswendig gelernt habe. Mit Karten zu arbeiten ist etwas sehr Schönes. Gerade am Anfang hilft die Arbeit mit Karten, den Einstieg in eine Beratung zu finden. Ideal sind farbige Karten, auf denen zum Beispiel auch eine Bewegung zu sehen ist oder auch ein Wort. Ganz wichtig ist dabei, dass dir die Karten gefallen. Sie müssen dich ansprechen, dann wird es ein Leichtes sein, mit deinen übersinnlichen Fähigkeiten aus den Karten zu lesen. Doch bedenke, du bist es, der die Information aus der Karte liest! Achte auch darauf, dass du dich bei jedem Klienten neu auf die Karte einlässt. Auch wenn du beispielsweise dreimal hintereinander dieselbe Karte ziehst, bedeutet sie dennoch bei jedem Klienten etwas anderes, jedenfalls wenn du sie sensitiv interpretierst. Ideale Karten, die ich meinen Schülern empfehle und mit denen ich ab und zu auch noch arbeite, sind die OSHO-Zen-Tarot-Karten.

Psychometrie

Psychometrie bedeutet im englischen Spiritualismus, die Energie aus Gegenständen zu lesen. Psychometrie ist eine Methode, die sehr oft angewandt wird, vor allem beim Üben. Meist wird dazu vom Klienten ein persönlicher Gegenstand verlangt, den dieser schon eine längere Zeit trägt, z. B. ein Ring oder eine Uhr. Daraus kann der Sensitive alle Informationen herauslesen. Grundsätzlich eignen sich viele Gegenstände für die Psychometrie, letztlich alle persönlichen Dinge, die der Klient schon längere Zeit hat. Dagegen ist Geld für die Psychometrie ungeeignet, auch wenn es der Klient vielleicht schon Wochen oder Monate in seinem Geldbeutel hat. Da Geld meistens schon von sehr vielen Menschen berührt worden ist, ist es nahezu unmöglich, die Energie des Klienten aus dem Geldstück bzw. dem Geldschein zu lesen und von der Energie der anderen Menschen abzusondern. Mit Hilfe der Psychometrie kann man sogar so weit gehen und beispielsweise sagen, wo der Klient den Ring gekauft hat, was er gekostet hat, wer ihm den Ring verkauft hat und wie es in dem Geschäft aussah usw. Vielleicht gelingt dies am Anfang noch nicht, aber mit der Zeit klappt dies schon. Psychometrie kann man auch anwenden, um aus Fotos zu lesen oder um die Energie von Räumen zu lesen. Dies ist etwas, was ich ab und zu in der Polizeiarbeit nutze. Wenn zum Beispiel ein Mord passiert ist, kann man über das Lesen der Energie des Raumes sagen, wie der Tatablauf war. Gerade bei der Polizeiarbeit bin ich auch heute immer wieder erstaunt, wie hilfreich die Psychometrie ist. Bei unserem letzten Fall, bei dem ich mit der Polizei zusammengearbeitet habe – ich verwende absichtlich die Mehrzahl, da ich mit meiner medialen Kollegin zusammengearbeitet habe –, lag der Mord schon neun Jahre zurück. Auch nach all den Jahren und sogar nach einer teilweisen Renovierung der Räume konnten wir die Energie des Mordes lesen und dadurch einen ziemlich exakten Tatablauf rekonstruieren. Doch man muss wissen, dass dies nicht immer möglich ist oder auch nicht immer so präzise möglich ist. Gerade bei der Klärung von Verbrechen ist eine ideale Zusammenarbeit mit der Polizei wichtig. Ich werde später noch genauer auf die Polizeiarbeit eingehen.

Durch die Psychometrie erhält man über den Gegenstand alle Informationen über den Klienten, dem der Gegenstand gehört hat, da zum Beispiel über seine Aura der Ring oder die Uhr mit seiner Energie *durchtränkt* ist und damit alle Informationen über ihn enthalten sind.

Auragramme – Aurafotos

Was ein Auragramm ist, lässt sich im Grunde leicht erklären: Es ist ein Aurabild, das von einem sensitiven Berater gemalt wird. Doch gibt es hier viele Varianten und Möglichkeiten, wie so ein Auragramm aussehen kann. Auragramme werden oft verwendet, da sie meiner Erfahrung nach ein ideales Hilfsmittel für die Sensitivität darstellen. Ein Auragramm kann man so malen, wie sich die Aura hellsichtig zeigt. Da ich Auras objektiv hellsichtig wahrnehme, versuche ich bei meinen Aurabildern eins zu eins zu übertragen, was ich gesehen habe. Am einfachsten ist es, wenn man die Aura dazu objektiv hellsichtig sieht. Ich habe immer die Umrisse des Körpers auf ein Blatt Papier und dann mit Farbstiften die Aura gemalt. Während des Malens habe ich dann bereits häufig schon Bilder empfangen und die Botschaften an meinen Klienten weitergegeben. Doch man kann auch

Auragramme malen, wenn man die Aura nicht objektiv hellsichtig wahrnimmt. Entweder man fühlt, wo welche Farbe in der Aura ist – dies kann man mit der Hellsichtigkeit ganz klar fühlen – oder, was noch einfacher ist, man lässt sich ganz auf die Energie des Klienten ein, verbindet sich mit seiner Energie und lässt sich von seiner Aura-Energie inspirieren und führen und malt dann ohne groß zu überlegen. Natürlich kann man die Aura auch subjektiv hellsichtig wahrnehmen und zeichnen. Eine Erfahrung, die ich auch immer wieder machte, war, dass ich die Aura bereits in einer Art Vorzeichnung auf dem noch leeren Blatt Papier sah. Dieses Phänomen ist genial, weil dafür wenig Anstrengung nötig ist, und obendrein handelt es sich um eine sehr einfache Methode. Ein Auragramm kann ganz unterschiedliche Formen haben und in ein Art Seelenbild übergehen. Man kann auch einfach einen großen Kreis auf ein Blatt Papier zeichnen und sich dann beim Malen von der Energie des Klienten inspirieren lassen. Solche Bilder zeigen meistens viele Farben, ähnlich wie beim klassischen Auragramm. Doch können sie auch Zahlen oder Objekte enthalten, ja sogar Pflanzen, ganze Kunstwerke, die natürlich objektiv hellsichtig nicht so wahrgenommen werden. Es kann sich dabei um symbolische Bilder handeln, die dadurch ein sehr gutes Hilfsmittel zur Interpretation des Auragramms darstellen. Sind zum Beispiel zwei Ringe zu sehen, die miteinander verbunden sind, dann weiß ich, dass der Klient glücklich verheiratet ist. Oder ich sehe zwei Ringe, die in keiner Verbindung stehen, dann weiß ich, dass der Klient geschieden ist. Oder wenn ich um die beiden Ringe herum Regenwolken sehe, dann weiß ich, dass die Ehe nicht mehr intakt ist. Die Aufzählung ließe sich endlos fortführen. Ich kann hier nur ganz wenige Möglichkeiten beschreiben, weil die Varianten dazu unzählig sind. Die hier beschriebenen Beispiele kommen sehr häufig vor. Ich werde sehr oft gefragt, was es denn mit Aurafotos auf sich habe, ob ich diese auch hellsichtig wahrnehme. Ich hatte das Glück, dass ich früher mal während eines Events in Österreich sehr lange beobachten konnte, wie eine sensitive Beraterin Aurafotos gemacht hat. Ich habe mir dann die Aura der Klienten angesehen und sie dann mit dem Foto verglichen. Ich muss gestehen, dass ich dann oft absolut enttäuscht war, weil ein Foto nicht einmal annähernd die Farbenpracht und Schönheit einer Aura wiedergeben konnte. Denn eine Aura ist wirklich etwas unglaublich Schönes. Doch das Spannende dabei war, dass die sensitive Beraterin ihr Handwerk wirklich sehr gut beherrschte. Sie nahm nämlich das Foto als Fokus und ließ sich dann einfach davon inspirieren, enthielt doch das Bild die ganze Energie. Daher waren ihre Aussagen ungefähr dieselben, die ich auch gemacht hätte. Ein Foto zeigt nicht das, was man hellsichtig wahrnimmt. Wenn man jedoch ein guter sensitiver Berater ist, spielt dies keine Rolle, da man mit einem Lichtbild sehr vieles auslegen kann, wenn man darin geübt ist. Dies war auch für mich eine sehr spannende Erfahrung. Letztendlich ist dies auch nachvollziehbar, da wir unsere Informationen überall herauslesen können, also auch aus einem Aurafoto. Eigentlich ist nur schade, dass es noch keine Fotos gibt, die die Aura so zeigen, wie objektiv Hellsichtige sie wahrnehmen.

Kaffeesatz und Kristallkugel

Kaffeesatzlesen und die Kristallkugel (Wahrsagen) sind wahrscheinlich genauso bekannt wie Tarotkarten. Mit beiden Hilfsmitteln wird nur der Fokus auf etwas gerichtet. Man kann im Grunde genommen alles nehmen. Vor allem in orientalischen Ländern wird sehr oft aus dem Kaffeesatz gelesen. Während meiner Ausbildung haben wir spaßeshalber öfter einmal aus dem Kaffeesatz gelesen. Es ist eine sehr lustige und enorm gute Methode. In der Türkei konnte ich einmal das Kaffeesatzlesen von einem Profi erleben. Es war unglaublich, welche Aussagen dieser Mann über mich machen konnte. Ich war sprachlos. Ich fragte ihn, wie er das mache, und er sagte, er sehe sich die Bilder an, die sich am Tassenrand des Kaffeesatzes bildeten und lasse sich davon inspirieren. Es ist so, als würdest du in den Wolken Formen suchen. Da kann es sein, dass dich eine Wolke am Himmel plötzlich an ein Herz erinnert oder an ein anderes Symbol. Und genauso suche ich nach Symbolen, die der Kaffeesatz hinterlässt. Auch die Bilder im Kaffeesatz sind Symbole. Es gibt Kaffeesatzleser, die diese Methode gelernt haben, wie wir dies bei den Tarotkarten gelernt haben. Der türkische Kaffeesatzleser erzählte mir, dass es über das Kaffeesatzlesen Bücher gebe, die Formen und Figuren enthalten, die man im Kaffeesatz finden könne. Er dagegen lasse sich inspirieren und habe keine dieser Formen notwendig bzw. habe sie gar auswendig gelernt.

Die Wahrsagekugel ist sicher jedem ein Begriff. Doch wie sie funktioniert, wissen nur die wenigsten. Auch mit ihr richtet man den Fokus auf eine bestimmte Sache oder Person. Allerdings entstehen in der Kugel nicht in erster Linie Symbole. Vielmehr lassen sich hier Bilder vom inneren Auge erkennen. Es handelt sich also um subjektives Hellsehen. Doch wenn wir lange in eine Glaskugel, Kristallkugel oder in eine Schüssel mit Wasser schauen, passiert Folgendes: Unser Blick wird weich. Wir kommen in einen Zustand des Tagträumens, und dadurch können Bilder leichter wahrgenommen werden. Durch den leeren Blick verändert sich auch die Aktivität unseres Gehirns, und wir kommen in einen veränderten Bewusstseinszustand. Somit können wir die sensitiven Signale viel leichter wahrnehmen, weil unser Gehirn gewissermaßen ein wenig ausgeschaltet wird und wir dadurch weniger kritisch sind. Dies passiert übrigens bei allen Hilfsmitteln, auf die wir unseren Fokus richten. Es ist eine Kunst, den leeren Blick zu bekommen. Für mich ist er hier am besten spürbar. Ich persönlich rate vom Kaffeesatzlesen und in die Kristallkugel schauen eher ab, zumal wir in einer Kultur leben, in der dies nicht so akzeptiert ist und oft als unseriös abgetan wird. Es besteht die Gefahr, dass eine gewisse Jahrmarktstimmung entsteht und man nicht ernst genommen wird. Auch wenn diese Methoden seriös sind, wenn man sie ernsthaft anwendet.

Was passiert bei einer sensitiven Beratung?

Die Frage ist nicht leicht zu beantworten. Mit der Sensitivität ließe sich sehr viel mehr machen, als in Einzelberatungen normalerweise gemacht wird. Es ist ganz wichtig, dass man als sensitiver Berater im Grunde genommen eine Standortbestimmung des Klienten erstellt. Man zeigt ihm auf, wo er gerade steht, was seine Probleme sind, woher diese kommen, und eröffnet ihm Möglichkeiten, wie er seine (Verhaltens-)Muster und Probleme verändern und lösen kann. Die Informationen, die der sensitive Berater dem Klienten gibt, bestätigen meist das, was jener ohnedies schon weiß. Es kommt sehr selten vor, dass der Klient Dinge erfährt, die ihm nicht bewusst waren. Und doch kann ein neutraler Beobachter die notwendige Einsicht vermitteln, was eine dem Klienten nahestehende Person nicht kann. Außerdem ist es etwas anderes, wenn ein sensitiver Berater einem ihm völlig unbekannten Klienten Dinge erzählen kann, die der Berater gar nicht wissen kann. Viele Klienten können so etwas besser akzeptieren, wenn sie sehen, dass sich diese oder jene Eigenschaft sogar außersinnlich wahrnehmen lässt und es sich nicht nur um Dinge handelt, die der Partner, der Freund, der Chef oder die Kinder gewissermaßen nur *behaupten*. Wichtig ist ferner, dass man als sensitiver Berater nie Fragen stellt. Der Klient sollte möglichst nur mit *Ja, Nein* oder *Diese Information kann ich verstehen* antworten. Ein sensitiver Berater ist kein Psychologe, der durch gutes Zuhören Lösungen vorschlägt, vielmehr liest er die Energie des Klienten und zeigt ihm, welche Steine ihm im Moment den Weg verbauen und warum dies so ist. Ein sensitiver Berater macht auch keine Zukunftsprognosen im klassischen Sinn. Er kann bestenfalls eine potenzielle Zukunftsprognose abgeben. Ich werde im nächsten Kapitel noch gesondert darauf eingehen. Standortbestimmungen lassen sich für jeden Bereich abgeben: für die Partnerschaft, in der Erziehung, für die Kinder, den Beruf, das Leben, die spirituelle Entwicklung, die sensitive oder mediale Entwicklung usw. Letztlich gilt dies auch für die Gesundheit. Allerdings kann ich hier nicht näher auf Gesundheitsprognosen eingehen und zeigen, wie man diese macht. Gesundheitsprognosen sind in den meisten Ländern verboten, und ich persönlich finde, dass dies auch berechtigt ist. Ein Sensitiver ist kein Arzt und sollte daher auch keine Diagnosen erstellen. Ich persönlich erstelle keine Diagnosen, und ich sage auch meinen Schülern, dass sie sich davon distanzieren sollen. Es sei denn, ein Arzt kommt zu mir und bittet mich um Hilfe. Dann erstelle ich eine Diagnose. In diesem Fall steht mir ja eine kompetente Fachperson zur Seite. Wir haben Schüler bei uns im Center ausgebildet, die sich auf Krankheiten spezialisiert hatten und mittlerweile diese Beratung erfolgreich anbieten. Doch arbeiten sie alle mit Schulmedizinern zusammen. Nur dann kann man diese Arbeit verantworten, und nur dann stellt sie eine ideale Ergänzung zur normalen Beratung dar. Ein Klient könnte sonst zu schnell aus dem Gleichgewicht gebracht werden, wenn man ihm zum Beispiel eine falsche Gesundheitsprognose gibt! Dies kann sehr schlimme Folgen haben. Deswegen sollte kein seriöser Berater Gesundheitsprognosen anbieten. Eigentlich könnte man einen sensitiven Berater auch Lebensberater nennen. Dies erklärt das, was er macht, am allerbesten. Ein sensitiver Berater hilft dem Klienten, seinen Weg wieder zu finden, oder er zeigt ihm, welche Möglichkeiten ihm offenstehen, die er bisher gar nicht wahrgenommen hat. Ein sensitiver Berater ist auch eine Art Heiler. Er bringt Seiten ins Lot, die beim Klienten nicht mehr im Gleichgewicht sind, indem er seine Muster aufspürt und ihm seine Blockaden zeigt, damit sie der Klient erkennen und auflösen kann. Es liegt am Klienten, am Ende einer Beratung sein Leben wieder in die Hand zu nehmen und ihm eine positive Richtung zu geben. Und wenn der Klient dies nicht möchte, alles so zu lassen, wie es ist. Ganz egal, wie gut oder schlecht der Berater sein mag, er kann das Leben des Klienten nicht ändern, wenn dieser nicht selbst an sich arbeiten möchte. Dies ist etwas, was einem Berater ganz klar sein muss: Du bist nur so gut wie deine Klienten. Du kannst der beste Berater sein, wenn der Klient eine Patentlösung sucht, an seinem Leben aber nichts ändern möchte, dann wird der Klient auch nicht erfolgreich sein, und leider wird er in den meisten Fällen dem Berater die Schuld daran geben. Als Sensitiver oder Medium hat man ohnedies das Problem, dass man – wenn man jemandem helfen kann – als Supermann dargestellt wird. Wenn du jedoch nicht helfen kannst, wirst du als Abzocker oder Scharlatan hingestellt. Wenn du aber immer dein Bestes gibst und immer ehrlich zu deinen Klienten bist, dann werden 99,9 % deiner Begegnungen mit Klienten erfolgreich verlaufen und angenehm sein.

Zukunftsprognosen und das Resonanzgesetz
(Gesetz der Anziehung)

Prognosen sind so eine Sache. Viele Menschen verwechseln einen sensitiven Berater mit einem Wahrsager. Weder ein sensitiver Berater noch ein Medium sind Wahrsager. Ich werde immer wieder gefragt, ob es nicht doch möglich sei, in die Zukunft zu schauen. Und einige davon wollen wissen, warum das nicht möglich ist. Mir ist folgende Unterscheidung sehr wichtig: Man kann zwar nicht in die Zukunft schauen, und doch kann man Ereignisse vorhersehen. Bevor ich aber erkläre, wie das geht, darf ich auf Folgendes hinweisen: Ich finde Zukunftsprognosen alles andere als sinnvoll, daher wende ich sie in meinen Beratungen auch nicht an. Schließlich sollte es jedem sensitiven Berater darum gehen, die Situation des Klienten zu verbessern, zu optimieren oder auch so zu verändern helfen, dass das nicht eintrifft, was man gerade in der Beratung sieht. Obwohl man Tendenzen oder bestimmte Aspekte voraussehen kann, möchte ich definitiv klarstellen: »Die Zukunft ist nicht vorherbestimmt! Wir sind für uns selbst verantwortlich und wir bestimmen selbst, was mit uns geschieht!« Doch wie ist es möglich, Aspekte der Zukunft zu sehen, wenn sie nicht vorherbestimmt ist? Und wie kann ich gestalten, was morgen sein wird? Ist das nicht ein Widerspruch? Wie lässt sich Künftiges sehen? Vielleicht werde ich dich nun völlig verwirren. Ich kann die Zukunft voraussagen, wenn ich die Vergangenheit des Klienten lese! Doch dazu müssen wir zuerst eines der wichtigsten Gesetze der Erde kennenlernen, das ist das Resonanzgesetz.

Das Wort *Resonanz* kommt aus dem Lateinischen. Es leitet sich vom Verb resonare ab und bedeutet *zurückklingen*. Das *Gesetz der Resonanz* bedeutet vereinfacht gesagt, Gleiches zieht Gleiches an. Oft wird das Resonanzgesetz auch als das Gesetz der Anziehung bezeichnet. Sowohl Menschen als auch die Geistige Welt unterliegen diesem Gesetz. Doch was bedeutet dies nun genau? Im Grunde leben wir in genau dem Umfeld, das wir selbst erzeugen. Nichts in unserem Leben ist Zufall, auch wenn es manchmal so aussehen mag. Doch alles, was in unser Leben dringt, wird angezogen von unserer Resonanz, von unserem Sosein. Wenn unser Leben mit uns in Resonanz ist, ziehen wir die Menschen, Situationen und Lebensthemen an, die wir selbst in uns haben. So wie wir im Inneren sind, so begegnet uns das Äußere. Wir kennen vielleicht diese oder ähnliche Aussagen: »Die Welt ist dein Spiegel!« – »Jeder bekommt das, was er verdient!«

Wenn ein Mensch voller Liebe ist, dann wird ihm auch überall diese Liebe begegnen. Ist jemand voller Zorn, so begegnet ihm überall Zorn. Geizige Menschen treffen vorwiegend auf andere geizige Menschen. Unsere Umwelt kann uns nur das bieten, was wir selbst ausstrahlen. Egal, ob in der Partnerschaft, im Beruf, in Bezug auf Geld, Erfolg oder unsere Gesundheit: Alles wird durch unsere Ausstrahlung beeinflusst. Doch wie nutzt man diese Tatsache für die Zukunftsprognosen, oder wie lässt sich damit die Zukunft besser gestalten? Wenn ich beispielsweise eine Klientin vor mir habe und mit meinen Hellsinnen wahrnehme, dass ihr Partner sie schlägt und dass er regelmäßig sehr viel Alkohol trinkt, und sie von mir wissen will, ob es – wenn sie den Partner verlässt – mit einem neuen Partner besser wird. Schaue ich nun bei der Klientin weiter in ihre Vergangenheit und sehe, dass es auch schon in ihrer vorherigen Partnerschaft um das Thema Sucht und Gewalt ging, was wird es nach dem Gesetz der Resonanz wohl in einer neuen Partnerschaft geben? Es wird wieder zu Gewalt kommen, und auch ihre neue Partnerschaft wird vom Thema Sucht geprägt sein. Es kann sein, dass es anders kommt, doch das Grundproblem wird bleiben. Warum das so ist, hängt mit der Resonanz der Frau zusammen. Als guter sensitiver Berater sage ich nicht einfach: »Ja, es wird ein anderer Mann kommen, aber mit ihm leider auch das Suchtthema und die Gewalt.« Vielmehr lasse ich sie erkennen, dass es ihre Resonanz ist, die diese Themen anzieht. Und ich mache ihr klar, dass – wenn sie ihre Resonanz ändert – sie sich auch verändert, dann wird auch etwas Neues angezogen. Auf diese Weise kann man künftige Geschicke selbst maßgeblich beeinflussen. Der sensitive Berater zeigt die Muster und Blockaden auf, die uns durch unsere Resonanz immer wieder in Situationen bringen, die wir eigentlich nicht mehr haben möchten. Wir können die Geschichte eines Klienten nur dann mit 100-prozentiger Sicherheit voraussagen, wenn er sich nicht verändert! Wenn er aber an sich arbeitet und seine Resonanz verändert, ändert sich auch das, was auf ihn zukommt. Ich finde es persönlich viel sinnvoller, einem Menschen zu zeigen, wie er aus dem Opfer-Dasein aussteigen und dadurch sein Leben selbst gestalten kann. Unsere Zukunft ist nicht vorherbestimmt, doch durch das Lesen der Vergangenheit können wir Tendenzen dessen erkennen, was auf uns zukommt. Doch darauf haben wir selbst großen Einfluss.

Exkurs: Aura

Ich glaube, es gibt fast keinen Bereich in der Esoterik, der so oft behandelt wurde wie die Aura, und es gibt meiner Meinung nach auch keinen Bereich der Sensitivität, der so komplex ist wie die Aura. Allein über die Aura könnte ich ein ganzes Buch schreiben. Dennoch kann ich hier nur einige Aspekte der Aura, die mir besonders wichtig sind, vorstellen. Vielleicht stellst du fest, dass in anderen Büchern ganz andere Dinge über die Aura stehen als das, was ich in diesem Buch über die Aura schreibe. Ich beziehe hier vor allem meine persönliche Erfahrung mit ein und das, was ich selbst beim Hellsinnen wahrnehme.

Die Aura hat viele unterschiedliche Schichten und Facetten, auf die ich hier nicht eingehen kann. Was ist nun die Aura genau? Was verstehe ich unter der Aura? Die Aura ist das Energiefeld des Menschen. Nicht nur Menschen sind von einer Aura umgeben, sondern auch Pflanzen, Tiere, im Grunde jedes Objekt. Ja, jedes Objekt! Doch bleiben wir beim Körper des Menschen oder der Tiere. Schon Max Planck, der von 1858 bis 1947 gelebt hat, hatte entdeckt, dass es im Grunde keine Materie gibt, sondern dass alles Schwingung ist. Planck war ein bedeutender deutscher Physiker, der als Begründer der Quantenphysik gilt. Zudem ist er Nobelpreisträger für Physik. Heute wird allgemein anerkannt, dass der Mensch elektrisch funktioniert. Es ist ferner bekannt, dass Informationen per Gleitstromschwingung in die einzelnen Zellen gelangen. Dieses Wissen wird heute sogar in der Krebstherapie genutzt. Wenn also unser ganzer Körper aus Energie besteht, in gewisser Weise Energie ist, dürfte damit klar sein, dass wir wohl noch ein weiteres Energiefeld um uns haben, das nicht sichtbar ist bzw. nicht für alle sichtbar ist, da die Schwingungen in diesem Energiefeld wesentlich höher sind als im normalen Körperenergiefeld. Und dieses Energiefeld um einen Körper herum wird als die Aura bezeichnet. Dass wir eine Aura haben, ist heute im Grunde auch bereits wissenschaftlich anerkannt. Dafür gibt es genügend Beweise.

Wenn heute von einem seriösen Wissenschaftler oder Physiker behauptet wird, dass dies nicht so sei, dann zweifle ich persönlich an der Seriosität dieses Wissenschaftlers. Viele, die das Wort Aura hören, denken sofort an Farben. Im Grunde genommen ist die Aura auch farbig, jedenfalls wenn ich sie mit meiner objektiven Hellsichtigkeit wahrnehme. Die meisten Menschen haben das Gefühl, dass man die Farben interpretieren müsse, um die Aura zu lesen. Dies stellt aber nur eine Möglichkeit dar, und ich gebe offen zu, dass dies nicht unbedingt die beste Möglichkeit ist. In diesem Buch versuche ich zu vermitteln, dass die Aura auf sehr unterschiedliche Weise zu lesen ist, denn Sensitivität ist nicht anderes als die Energie von Menschen, Tieren oder eben auch Objekten. Viele trennen das Lesen der Aura vom sensitiven Lesen. Doch im Grunde ist es dasselbe.

Dennoch ist es sinnvoll, das Lesen der Aura vom sensitiven Wahrnehmen zu unterscheiden. Auch wenn es bei beiden Methoden um das Lesen und Wahrnehmen der Energie geht, da die Energie (Aura) eines Körpers (Mensch und Tier) viele Eigenschaften besitzt, die die Energie eines Gegenstands nicht hat. Der Körper besitzt zum Beispiel Chakren (Energiezentren), Nadis (feinstoffliche Energiebahnen), Marmapunkte (Vitalpunkte), Meridiane (feinstoffliche Energiebahnen), die ein Objekt nicht besitzt. Deswegen weist natürlich die Energie eines Körpers ganz andere Facetten auf, und somit ist das Lesen der Aura etwas sehr Komplexes, und es ist gut, wenn man Aura und Sensitivität getrennt betrachtet und wahrnimmt. Diese Unterscheidung ist mir sehr wichtig. Du solltest dir bewusst sein, dass du im Grunde die Aura liest, wenn du die Energie eines Menschen oder Tieres wahrnimmst. Ich kann hier nicht auf das typische Lesen der Aura eingehen, so wie es viele kennen. Ich kann hier nur auf die ganzheitliche Seite beim Lesen der Aura eingehen, wenn man das so sagen kann.

Ich kann hier auch nicht mein Hauptaugenmerk auf das objektive hellsichtige Sehen der Aura legen. Denn beim objektiven Sehen der Aura sehe ich zum Beispiel ganz klare Farben um die Aura herum, als wären die Farben um die Person oder den Gegenstand gezeichnet. Dieses Talent zu entwickeln, verlangt sehr viel Geduld. Das zu beschreiben würde ein eigenes Buch füllen. Hier lernen wir, die Energie und die Aura mit allen Sinnen über unsere Sensitivität wahrzunehmen, dies ist schlussendlich ein viel einfacherer Weg.

Sich selbst schützen

Häufig werde ich gefragt, ob es sinnvoll sei, sich bei der sensitiven Arbeit zu schützen. Ich stelle dann immer die Gegenfrage: »Wovor willst du dich schützen?« Dann wird mir meistens erwidert: »Vor der negativen Energie des Klienten oder der Menschen, die mir begegnen.« Man hört auch immer wieder von sogenannten Energie-*Vampiren*, Menschen, die einem die Energie aussaugen. Ich erinnere mich dann immer daran, was mir mein Lehrer gesagt hat: »Erkenne, dass du Licht bist, und Licht braucht keinen Schutz.« Ich dachte mir damals, die Aussage sei sehr esoterisch, doch heute weiß ich, dass es der beste Rat war, den ich jemals erhalten habe. Nehmen wir die Situation mit dem so genannten Energie-Vampir: Das sind offensichtlich Menschen, die einem anderen die Energie rauben. Jeder kennt solche Situationen: Da kommt eine Person zu uns, um mit uns zu sprechen, und kaum ist diese Person weg, fühlen wir uns müde. Jedes Mal, wenn diese Person bei uns war, fühlen wir uns anschließend müde und ausgelaugt. Es gibt eine ganze Reihe Bücher zu diesem Phänomen und unzählige Übungen dazu. Aber ist es überhaupt möglich, einem anderen Menschen die Energie zu rauben? Ich sage ganz klar: Nein! Es ist allein unsere Einstellung, die uns müde macht und uns ausgelaugt sein lässt nach der Begegnung mit einer Person. Das Problem ist also nicht die Person, sondern die problematische Einstellung, die ich der Person gegenüber habe. Das heißt nicht, dass ich das Problem nicht kennen würde und dass ich nicht auch manchmal müde bin, nachdem ich eine Begegnung mit einer Person hatte. Doch heute weiß ich, dass ich selbst daran schuld bin, ich, nicht die Person. Wie aber ist dies zu verstehen? Wenn ich eine Person liebe, nett oder sympathisch finde oder sie einfach gern mag, fühle ich mich nach einem Treffen mit dieser Person nie ausgelaugt. Dann ist eher das Gegenteil der Fall. Ich habe festgestellt, dass ich mich nur nach der Begegnung mit einer Person müde und schlapp fühle, die ich unsympathisch, unangenehm oder fordernd empfinde. Aber auch wenn ich jemand mag, der mir zum Beispiel schon zum hundertsten Mal erzählt, dass er morgen zu rauchen aufhören oder mit dem Abnehmen beginnen wird, ich aber genau weiß, dass dies nicht klappen wird, er aber immer wieder neue Gründe findet, warum es dieses Mal klappen wird. Wenn ich mir das anhöre, ich mich aber nicht zu sagen getraue, dass ich auf solche Gespräche keine Lust mehr habe, dann bin ich danach müde und ausgelaugt. Hier ist aber nicht die Person das Problem, sondern meine Einstellung zu der Person oder zu dem, was sie sagt. Es nützt also nichts, wenn wir uns vor irgendetwas schützen wollen. Letztendlich gibt es nur zwei Möglichkeiten, wie wir uns davor schützen können, ausgelaugt zu sein: Wir versuchen, dass wir das, was der andere sagt, auch zum hundertsten Mal noch spannend finden, oder wir sagen ihm klipp und klar, dass wir seine falschen Versprechungen einfach nicht mehr hören können, zum Beispiel: »Hör mal, mein Freund, nun erzählst du mir das schon zum X-ten Mal, bitte nimm endlich ab, und rede nicht mehr davon. Oder aber bleib so, wie du bist, aber lass mich mit deinem Gerede in Ruhe!« Vielleicht erwidert er dann: »Aber man wird sich doch noch unterhalten können?« – »Unterhalten ja, aber nicht langweilen!« Vielleicht empfindest du eine solche Reaktion als hart. Das mag sein, aber sie ist wenigstens ehrlich! Wenn wir uns nicht mehr in Situationen begeben, in denen wir nicht *unterhalten* werden, in denen wir nicht mit unsympathischen Menschen zusammen sind, dann brauchen wir uns gar nicht mehr zu schützen, sondern wir werden sogar noch mit Energie belohnt, weil wir uns in unterhaltsamen Situationen befinden mit interessanten Menschen und Gesprächen. Wir müssen selbst entscheiden, ob wir etwas spannend finden oder nicht. Menschen kann man nicht verändern, aber ich selbst kann meine Einstellung zu den Menschen verändern. Viele Therapeuten sagen: »Meine Klienten saugen mich aus, die Arbeit ermüdet mich! Ich muss so viel geben!« Falls du so einen Therapeuten hast, dann geh einfach nicht mehr hin! Und falls du selbst so ein Therapeut bist, dann solltest du den Beruf wechseln!

Ich kann sehr gut verstehen, dass manche Situation ermüdend ist, und ich weiß, dass meine Worte hart sind. Doch wenn ich an meiner Arbeit keine Freude mehr habe und mich die Klienten mehr nerven, als sie mich erfreuen, oder wenn es mir nur ums Geldverdienen geht, dann ist es nur allzu verständlich, dass mich die Arbeit müde macht. Da kann man nur noch den Beruf wechseln, oder aber man ändert sofort seine Einstellung zur Arbeit. Man muss die Menschen – egal um welche es geht – einfach nur mögen. Du musst dich nur aufrichtig für sie interessieren, dann wirst du nie mehr in die Lage kommen, dass dir jemand die Energie raubt oder dass dich jemand ermüdet, das verspreche ich dir. Falls es dir doch passiert, dass du nach einer Begegnung mit einem Menschen müde bist, dann frage dich ehrlich: Was mag ich nicht an der Person, an der Situation? Langweilt mich etwas? Haben wir dieses oder ähnliche Gespräche schon öfter geführt? Was macht mir gerade keinen Spaß? Wenn du die Antwort gefunden hast, dann ändere einfach die Situation, und das Problem ist gelöst. Das verstehe ich, unter *Licht zu sein*! Ehrlich und authentisch mit unseren Mitmenschen und vor allem mit sich selbst zu sein. Wenn ich zum Beispiel feststelle, dass ich noch nicht so weit bin, eine bestimmte Situation spannend zu finden oder eine Person zu mögen, dann muss ich mich aus der Situation entfernen, oder ich darf mich mit der betreffenden Person nicht abgeben. Das verlangt manchmal Mut und eine starke Veränderung, doch ich finde es wichtig, sich nur mit Dingen zu umgeben, die Energie spenden und nicht rauben. Man kann nur der Energie beraubt werden, wenn man es selbst zulässt, und dafür hat man selbst die Verantwortung.

Ich finde es ferner wichtig, auf eine gesunde Ernährung zu achten, keine Drogen zu konsumieren, sich Ruhepausen zu gönnen, für genügend Schlaf zu sorgen und dafür zu sorgen, dass es einem gut geht. Dies ist der beste und auch der einzig sinnvolle Schutz für dich persönlich. So lange du mit dir eins bist, so lange es dir gut geht, so lange geht es auch deinem Umfeld gut. Bedenke auch, dass wir unter einem Resonanzgesetz stehen. Wir ziehen das in unser Leben, was wir in uns tragen. Anders gesagt: Wir begegnen nur dem, was wir selbst ausstrahlen. Bist du Licht, dann kommt Licht zurück! Das heißt nicht, dass einige Dinge nicht auch unangenehm sein können. Bedenke, dass dich helles Licht, das dir in die Augen scheint, blenden, ja sogar blind machen kann. Es kann dir aber auch den Weg zeigen, dich führen und dir Sicherheit geben. Du entscheidest es selbst! Wenn du stimmig bist, wenn es dir gut geht, wirst du auch nur stimmige und gute Situationen auf dich ziehen. Dies ist ein kosmisches Gesetz. Egal, ob du daran glaubst oder nicht: Es wirkt dennoch, auch wenn du es nicht wahrhaben willst. Das Außen ist nur ein Spiegel unseres Innenlebens. Also kämpfe nicht gegen das äußere Böse, sondern besiege das Böse in dir, dann bist du von allem Negativen befreit.

Ein weiteres Problem, von dem ich immer wieder höre, sind Löcher oder Risse in der Aura. Manche Menschen fragen schockiert: »Siehst du die Löcher oder Risse in meiner Aura?« Wenn ich dann frage, wie sie auf die Idee kämen, sie hätten Löcher in ihrer Aura, antworten sie meistens: »Ich war bei einem Hellseher, der mir das gesagt hat.« Oder sie sagen: »Ich habe ein Aura-Foto machen lassen, und darauf kann man die Löcher in meiner Aura sehen!« Wieder andere möchten ihre Aura putzen lassen. Ich muss es ganz deutlich sagen: Man kann keine Löcher oder Risse in der Aura haben. Das ist ganz unmöglich. Die Aura ist Energie. Und Energie kann man nicht zerstören oder auflösen. Energie kann man nur verändern. Daher ist es unmöglich, einen Riss oder ein Loch in der Aura zu haben. Aber woher kommen diese Geschichten über die Löcher oder Risse? Handelt es sich vielleicht um Scharlatane, die solches behaupten? Ich glaube nicht! Jedenfalls ist nicht jeder gleich ein Scharlatan. Das Problem dabei ist Folgendes: Wir sehen zum Beispiel die Aura objektiv hellsichtig farbig. Wenn nun deine Energie schnell schwingt, ist auch die Farbe heller. Die Aura hat viele Farben, und die Energie schwingt nicht überall gleich schnell. Schwingt die Aura an einer Stelle weniger schnell, wird die Farbe an diesem Punkt der Aura dunkler. Wenn du zum Beispiel eine Muskelverspannung im Nacken hast, dann schwingt an dieser Stelle die Energie langsam. Je nach Grad der Verspannung kann dies so stark sein, dass sich die Stelle in der Aura im Nacken als graue oder dunkle Wolke zeigt. Dabei handelt es sich also nicht um einen Riss oder ein Loch, sondern nur um einen Hinweis darauf, dass du eine Nackenverspannung hast. Ich finde, es ist ein großer Unterschied, ob ich meinem Klienten sage: »Ich sehe, dass du eine Nackenverspannung hast!« Oder ob ich ihm sage: »Du hast ein Loch in deiner Aura!« Von daher kommen auch Gerüchte von Besetzungen und von bösen Geistern. Auch hier sind es meistens Verspannungen oder etwas ganz Natürliches, was dunkle Schatten in der Aura wirft. Eine Besetzung mit einem bösen Geist ist nicht möglich. Auch das ist eine Sache der Interpretation. Mir ist es jedenfalls lieber, wenn man mir sagt: »Ich sehe, dass du Probleme mit deinem Magen hast!«, als wenn mir jemand sagt: »Du hast eine Besetzung von einem bösen Geist oder Dämon in deiner Bauchgegend.« Aussagen, die Angst machen, finde ich persönlich äußerst gefährlich, unprofessionell und einfach nur schade. Doch ich weiß auch, dass viele, die solche Aussagen machen, nicht schlecht sind oder etwas Schlechtes beabsichtigen. Meistens fehlt ihnen einfach eine seriöse Ausbildung, oder sie interpretieren Dinge ganz unterschiedlich. Menschen aus anderen Kulturkreisen werden Dinge ganz anders sehen als jemand aus unserem Kulturkreis. Ich habe zum Beispiel einen Freund, der Schamane ist. Er spricht oft von bösen Geistern oder Dämonen in der Aura. Als ich dies einmal hörte, sagte ich: »Warum sagst du so etwas? Das stimmt doch gar nicht. Ich sehe in der Aura dieses Menschen keinen Dämon.« Er war sich jedoch ganz sicher und sagte: »Doch, hier in der Lunge!« Und ich erwiderte darauf: »Nein, dieser Mann leidet unter Asthma. Das kann man sehen. Aber da ist kein Dämon!« Der Klient meines schamanischen Freundes bestätigte meine Aussage, und mein Freund begann zu lachen und sagte: »Aber das meinte ich doch. Eine Krankheit ist in unseren Augen ein böser Dämon oder ein böser Geist. Wenn wir von Dämonen reden, meinen wir damit meistens Krankheiten oder Disharmonien und nicht Dämonen und Geister, von denen Ihr redet. Viele, die sich mit Schamanismus auseinandersetzen, aber nicht in dieser Kultur aufgewachsen sind, verstehen uns falsch und verstehen nicht, was wir meinen, wenn wir von Dämonen reden. Wir sprechen dann nicht über teuflische Wesen nach eurem Glauben, sondern einfach über physische oder psychische Krankheiten. Wenn wir eine Dämonen-Befreiung durchführen oder eine Aura-Reinigung, dann machen wir im Grunde das, was du Geistheilung oder Trance-Healing nennst. Wir machen beide dasselbe, aber wir nennen es einfach anders.«

An diesem Tag hatte ich unglaublich viel gelernt, und ich hoffe, dass diese Unterscheidung auch dir hilft. Es gibt bestimmt Menschen, die mit der Angst der Menschen Geld verdienen. Aber es gibt auch viele, die die Dinge einfach anders benennen und interpretieren. Zum Schluss solltest du wissen, dass es nichts gibt, was dir schaden könnte, wenn du dich mit Sensitivität beschäftigst. Und du brauchst auch keinen Schutz, wenn du selbst stimmig bist. Ich persönlich empfehle jedem künftigen sensitiven Berater, eine Sprache zu sprechen, die nicht Angst verbreitet oder missverstanden werden kann. Es wäre doch schade, wenn man dich als Scharlatan bezeichnen würde, nur weil du Dinge so bezeichnest und interpretierst, dass sie anderen Menschen Angst machen.

Schichten oder Körper der Aura

Ich habe mir lang überlegt, ob ich etwas über den Körper bzw. die Schichten der Aura schreiben soll, da dies ein sehr komplexes Feld ist. Und ich habe mich dennoch dazu entschlossen. Dazu muss ich aber zunächst einige Dinge erklären. Denn wenn du dich mit dem Thema beschäftigst und andere Bücher liest, wirst du feststellen, dass es viele unterschiedliche Definitionen der Aura-Schichten gibt. Manche sprechen von fünf Schichten, andere von acht, ich spreche hier von sieben Schichten. Wodurch kommt es nun zu diesen Unterschieden? Es hat sicher damit zu tun, dass jeder Sensitiver anders wahrnimmt. So kann es sein, dass ich Schichten wahrnehme, die andere Aurasichtige nicht sehen können oder umgekehrt. Das größte Problem jedoch ist, dass wir versuchen, die Aura und die Schichten dreidimensional zu erklären. Dabei ist dies nicht möglich, weil unser Energiefeld nicht nur auf drei Dimensionen beschränkt ist. Deswegen kann man das Energiefeld eigentlich gar nicht genau erklären. Wenn ich es doch versuche, dann hoffe ich, dass du es nachvollziehen und verstehen kannst. Bedenke, dass auch die Zeichnungen bei diesem Bild auf zwei Dimensionen beschränkt sind. Das macht alles noch komplizierter als es ohnedies schon ist. Die Schichten sind auch nicht wirklich Schichten, weil die Übergänge fließend und nicht klar voneinander abgegrenzt sind. Daher benutze ich immer das Wort Aura-Körper, um

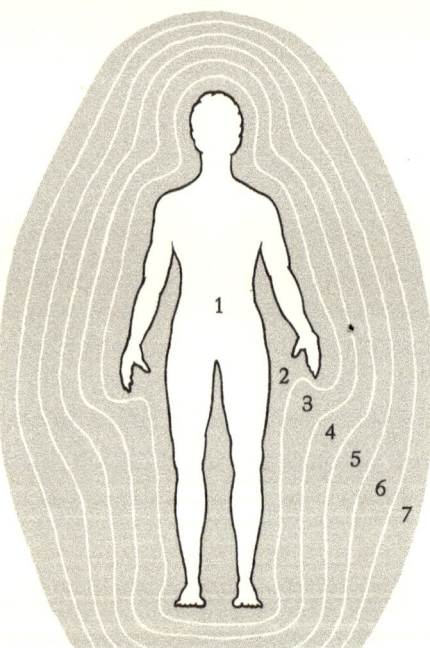

Aura-Schichten:
1. Physischer Körper
2. Ätherische Aura
3. Emotionale Aura

4. Astrale Aura
5. Mentale Aura
6. Kausale Aura
7. Spirituelle Aura

sie nicht auf zwei Dimensionen zu beschränken. Ich werde die Schichten vom physischen Körper nach außen beschreiben. Denke aber immer daran, dass die einzelnen Schichten nicht so klar zu definieren sind wie auf der Abbildung. Es gibt einen grobstofflichen und einen feinstofflichen Körper. Der grobstoffliche Körper ist uns allen bekannt. Er entspricht unserem physischen Körper. Doch schauen wir uns die einzelnen Schichten genauer an.

Der physische Körper
Dies ist der für uns alle sichtbare Körper. Doch dürfen wir nicht vergessen, dass es ein Wechselspiel zwischen dem physischen Körper und der Aura gibt. Beide beeinflussen einander. Das finde ich persönlich ungemein wichtig. Oft schenken wir entweder dem physischen Körper zu viel Aufmerksamkeit und dem feinstofflichen Körper zu wenig oder umgekehrt. Ich kenne viele Menschen, die auf einem *spirituellen* Weg sind und dabei den physischen Körper vernachlässigen. Sie gönnen ihm zu wenig Ruhe und Pausen oder bewegen ihn zu wenig oder falsch. Sie achten nicht auf ihre Nahrung, sie essen zu viel oder zu wenig. Fasten kann zum Beispiel sehr hilfreich sein. Doch auf Dauer stellt Fasten einen Raubbau am Körper dar. Wir müssen unseren Körper wie einen Tempel behandeln und ihn achten. Nur dann wohnt das Göttliche und Spirituelle gern in uns. Belaste deinen Körper auch nicht unnötig mit Nikotin, Alkohol, künstlichem Zucker, mit Ernährung,

die von E-Nummern-Stoffen vergiftet ist, mit Geschmacksverstärkern und Drogen. Diese Mittel haben nicht nur eine Auswirkung auf deinen physischen, sondern auch auf deinen grobstofflichen Körper. Ein guter sensitiver Berater zu sein heißt für mich auch, die Bedürfnisse des Körpers zu fühlen und sie zu befriedigen.

Der ätherische Körper
Dieser Körper ist meist der erste Körper, den du hellsichtig wahrnehmen kannst. Es gibt sogar viele Sensitive, die nur diese Aura-Schicht wahrnehmen können. Sie ist in einem Abstand von etwa 2–15 Zentimeter um unseren physischen Körper herum und hat oft einen milchig-weißlichen Farbton, meist auch ein leichtes Blau. Diese helle Schicht können fast alle wahrnehmen lernen. Ich habe schon viele Kurse im Aura-Sehen gegeben, mit inzwischen annähernd 2000 Teilnehmern, davon können etwa 96 % danach die ätherische Aura wahrnehmen, und zwar schon nach sehr kurzer Übungszeit. Ich persönlich nenne die ätherische Aura auch gern die Gesundheits-Aura, da man in ihr sehr gut Disharmonien feststellen kann. Die Zellen, der Zellstoffwechsel, die Nerven, das Nadis, die Meridiane, die Lymphe und Lymphflüssigkeiten werden von dieser Auraschicht beeinflusst. Vielfach schon bevor sich eine Disharmonie als Krankheit im Körper manifestiert hat. Man sieht auch sehr schnell, ob eine Person in sich ruht oder ob sie

Stress hat und unausgeglichen ist. Je entspannter eine Person ist, desto mehr dehnt sich diese Auraschicht aus, zum Beispiel bei der Meditation oder beim Entspannen. Wenn wir unausgeglichen sind, zieht sich diese Schicht zusammen. Achten wir dagegen auf unseren physischen Körper und unsere Psyche, beginnt die ätherische Aura immer kraftvoller zu strahlen, und wir erhalten eine positive Ausstrahlung auf andere Menschen. Meditation und die Vorstellung, wie diese Auraschicht mit heilender Energie versorgt wird, verändern unsere Wirkung auf andere, und wir erscheinen gesünder, selbstbewusster und anziehender auf unsere Mitmenschen. Da wir dies dann immer stärker fühlen, wird das neue Flair zu unserer neuen Realität.

Der emotionale Körper

Im Grunde genommen sagt es der Name schon: In dieser Schicht oder in diesem Energie-Körper sind alle unsere Emotionen und Gefühle gespeichert und sichtbar. Diese Schicht bewegt unsere Psyche und unseren physischen Körper. Das Wort Emotion kommt vom Lateinischen *movere* und bedeutet *bewegen*. Wenn uns äußere Impulse bewegen, kommt es dabei zu einer Verarbeitung der Informationen, und wir werden emotional ausgeglichener, ruhiger. Wenn einem Menschen alles zu viel wird und er dadurch in ein emotionales Ungleichgewicht fällt, ist diese Schicht sehr stark in Bewegung, und dies kann unsere Physis und Psyche beeinflussen, weil diese

Aura-Schicht im ständigen Austausch mit unserem physischen Körper ist. Dass die Emotionen unsere Gesundheit beeinflussen, ist heute allgemein anerkannt. Da die emotionale Aura auch mit der mentalen stark verbunden ist, bewegen und beeinflussen diese beiden Schichten einander sehr stark. Wir kennen dies aus unserer eigenen Erfahrung: Wenn wir emotional aufgewühlt sind, kommen auch unsere Gedanken nicht zur Ruhe, sie drehen sich ständig im Kreis.

Der astrale Körper
Der emotionale und der mentale Körper bilden zusammen den astralen Körper, auch wenn der mentale Körper den astralen Körper gleichsam schützend umhüllt. Dennoch ist es weniger eine Schutzhülle, denn die mentale Aura verbindet vielmehr die emotionale Aura-Schicht mit der kausalen Schicht. Vom Astralkörper hast du bestimmt schon einmal gehört. Dieser löst sich in der Nacht von unserem physischen Körper, und wir gehen in der Nacht mit dem Astralkörper in die Geistige Welt oder begeben uns auf eine Wanderung in die Astralwelt. Unser physische Gestalt wird von der Astralwelt nicht beeinflusst, der Leib liegt still im Bett. Der Astralkörper wird mit dem physischen Körper mit der sogenannten Silberschnur verbunden und findet dadurch immer wieder zum physischen Körper zurück. Beim Tod löst sich diese Silberschnur auf, wir verlassen unseren Leib, und der Astralkör-

per tritt die Reise in die Astralwelt, in die Geistige Welt an. Diese Welt ist im Grunde genommen unsere Heimat, die wir schon von früher kennen, schon vor unserer Geburt, von unseren nächtlichen Ausflügen und eben, wenn wir wieder zurück in die Heimat gehen nach unserem physischen Tod. Wie schon angedeutet, bilden die emotionale und mentale Schicht zusammen die Astralkörperschicht, und in ihr liegt auch die unsterbliche Seele oder ein Aspekt von ihr.

Der mentale Körper

Der emotionale, astrale und mentale Körper sind sehr stark miteinander verbunden, und es ist sehr schwer, die Grenzen der einzelnen Schichten auseinanderzuhalten. Meines Erachtens sind diese drei Schichten intensiv miteinander verbunden. Die Ausdehnung dieser Schicht kann bis zu einem Meter betragen. Wie der Name schon sagt, hat die mentale Schicht mit unserem Denken und unseren geistigen Aktivitäten zu tun. In dieser Auraschicht kann ich zum Beispiel wahrnehmen, ob mir die Kursteilnehmer zuhören oder nicht, ob sie mitdenken oder vor sich hinträumen. Oder wenn die Schüler meditieren und der mentale Energiekörper sehr aktiv ist, dann weiß ich, dass der Schüler mehr denkt als meditiert. Hier ist aber auch alles abgespeichert, was wir jemals gelernt haben. Ich bin überzeugt, dass wir sogar gelerntes Wissen in dieser Auraschicht abspeichern, und zwar über den Tod hinaus. Da wir den mentalen Körper auch in die Geistigen Welt mitnehmen, steht uns dort unser gelerntes Wissen wieder zur Verfügung. Ich persönlich glaube auch an die Wiedergeburt. Wie dies genau vonstatten geht, habe ich bereits in meinen anderen Büchern beschrieben. Da unser Wissen in der mentalen Aura gespeichert ist und dies über den Tod hinaus, steht uns in dieser Inkarnation das Wissen aus dem vergangenen Leben auch zur Verfügung. Leider können wir dieses Wissen aber meistens nicht bewusst abrufen. Es kommt immer wieder vor, dass wir in unserem Leben eine *neue* Tätigkeit beginnen und dass uns die ganzen Abläufe dieser neuen Beschäftigung ganz logisch erscheinen und wir plötzlich Bereiche der neuen Arbeit ausüben, die wir gar nicht kennen oder beherrschen *können*, da wir sie ja neu erlernen müssen. In solchen Fällen bin ich überzeugt, dass wir diese Bereiche in einer vergangenen Inkarnation schon einmal ausgeübt haben oder besser gesagt: Ein Aspekt unserer Seele weiß von der früheren Existenz. Ich habe dies als Kind selbst erfahren: Als ich Kampfsport zu trainieren begann, waren mir die ganzen Abläufe und Handgriffe in kürzester Zeit klar. Ich habe innerhalb kürzester Zeit enorme Fortschritte gemacht, und ich musste die Abläufe nie trainieren. Wohl musste ich meinen Körper trainieren, doch die kompliziertesten mentalen Abläufe waren mir als kleines Kind bereits sonnenklar. Ich glaube, dass wir auch die Talente, die wir in diesem Leben haben, aus vergangenen Inkarnationen mitbringen, und dieses Wissen ist in der mentalen Schicht abgespeichert. Eigentlich ist es, wenn wir von einem Talent sprechen, eher so, dass wir altes gespeichertes Wissen aus der mentalen Schicht abrufen. In dieser Schicht kann man aber auch den geistigen Zustand einer Person sehen, zum Beispiel: Wie sind ihre Gedankengänge? Sind sie eher positiv oder mehr negativ? Wie ist ihre Psyche? Ist sie ausgeglichen, stabil oder eher labil? Leidet sie unter Depressionen oder hat sie gar eine Psychose? Hier mischen sich die Zustände immer wieder einmal mit der emotionalen Aura, da sich diese Zustände in beiden Schichten zeigen können. In der mentalen Aura kann man auch Süchte und Zwänge sehen, wie zum Beispiel Rauchen, oder wenn jemand starke Medikamente nimmt oder Drogen konsumiert. Das wird alles in dieser Auraschicht abgespeichert. Der Grund, warum es manchen Menschen fast unmöglich ist, von einer Sucht erfolgreich geheilt zu werden, ist die Information, die meist nicht nur im Körper gespeichert ist, sondern auch in der mentalen Aura. Ist sie dort einmal gespeichert, braucht es ein gewaltiges Umdenken, bis diese Informationen wieder neutralisiert sind. So wie ich es wahrnehme, kann man sie nicht löschen, sondern lediglich unschädlich machen. Natürlich können hier auch noch Süchte aus vergangenen Inkarnationen gespeichert sein. Eine gute Möglichkeit, solche Abspeicherungen zu neutralisieren, ist das Mentaltraining oder regelmäßige

Psychohygiene. Dazu bietet die einschlägige Literatur viele Übungen und Beispiele.

Jeder, der raucht, weiß zum Beispiel, dass er es nur schafft, sich das Rauchen abzugewöhnen, wenn es im Kopf klar ist. Meistens ist es vom Gehirn her klar, dass Rauchen ungesund ist, und doch können wir es erst lassen, wenn diese Information auch in der mentalen Aurakörperschicht angekommen ist und dort verarbeitet wurde.

Der kausale Körper

Hier kann man erkennen, ob jemand karmische Belastungen hat. Die mentale und die kausale Schicht hängen sehr stark zusammen. Im kausalen Körper werden unsere karmischen Informationen gespeichert. Karma ist das Gesetz von Ursache und Wirkung. Was du säst, wirst du ernten. Doch wird hier nicht nur das negative Karma gespeichert, sondern auch das positive. Und je weiter ein Mensch entwickelt ist oder wieder ins Bewusstsein kommt, umso mehr erkennt er sein Karma und weiß, wie er es verändern kann. Ich glaube nicht, dass wir es schaffen können, im Leben kein Karma zu verursachen. Denn jeder Gedanke schafft ein neues Karma. Jeder Gedanke schafft eine neue Ursache und bringt somit eine neue Wirkung hervor. Den Kausalkörper können wir mit einer Bank vergleichen, auf der wir entweder positives oder negatives Karma hinterlegen. Je mehr positives Karma wir verursachen, umso schneller wird das negative Karma in positives verändert. Wenn wir unsere Gedanken (= die mentale Kraft) auf etwas Positives richten, ziehen wir immer mehr Positives an. Auf diese Weise erklärt sich die Wechselwirkung zwischen mentaler und kausaler Schicht. Nur wenn es möglich wäre, im Jetzt zu leben, würden wir kein Karma mehr verursachen. Ich weiß nicht, ob man das wirklich kann. Denn sobald ich mir Gedanken über das Jetzt mache oder darüber, was dieses Jetzt ist, ist es auch schon wieder vorbei und damit kein Jetzt mehr, sondern bereits Vergangenheit. Oder wenn ich mir zum Beispiel Gedanken darüber mache, wie das Jetzt aussehen könnte, ist dieses Jetzt noch in der Zukunft und somit nicht in der Gegenwart, also im Jetzt! Das Jetzt kann man nicht beschreiben oder mit der Ratio verstehen, es ist nur erfahrbar. Ob es jedoch als Dauerzustand zu erfahren ist, weiß ich nicht und kann ich mir auch nicht vorstellen. Wäre dies aber der Fall, könnte man aus dem Gesetz des Karmas aussteigen, und die kausale Schicht könnte geklärt werden. Daher mein Vorschlag: Anstatt auf das Jetzt zu warten, sollte man lieber positives Karma sammeln.

Zu viele Menschen verpassen die Schönheit des Lebens und seine positiven Seiten, weil sie damit beschäftigt sind, Karma aufzulösen oder vom Karma befreit zu werden. Ich glaube nicht, dass dies eine Aufgabe ist, die wir hier auf der Erde lösen müssen. Wir müssen vielmehr lernen, das Positive und Schöne zu sehen und zu leben.

Der spirituelle Körper

Die spirituelle Schicht zu beschreiben ist sehr schwer. Hier kann man aber sehen, ob jemand bereits eine starke Verbindung zum Göttlichen hat oder nicht. Übrigens heißt dies nicht, dass ein spiritueller Mensch seine Hellsinne aktiviert hat. Das ist ein weit verbreiteter Irrglaube. Ein spiritueller Mensch ist ein Seele-Mensch, der sein Leben und sein Handeln Gott oder dem Göttlichen widmet, der versucht, in seinem Leben Gott zu erfahren oder mit Gott bzw. dem Göttlichen eins zu werden und in allem, was ist, Gott zu erkennen. Es kann sein, dass er dabei außersinnliche Fähigkeiten entwickelt oder sie bereits entwickelt hat. Doch auch das ist kein Zeichen dafür, dass er spirituell ist.

Es gibt viele Top-Medien oder sensitive Berater, die kein spirituelles Leben führen. Das darf man nicht miteinander verwechseln. Der spirituelle Körper ist je nach Bewusstsein und Erfahrungen aus vergangenen Inkarnationen mehr oder weniger gut ausgebildet, oder besser gesagt: mehr oder weniger klar sichtbar. Wir alle haben eine spirituelle Auraschicht, doch ist sie nicht bei jedem Menschen in gleicher Weise wahrzunehmen. Die Verschmelzung mit Gott erkennt man an der Farbe und an der Form dieser Schicht. Wie dies genau aussieht, kann ich mit diesem Buch nicht beschreiben. Ich verspreche dir aber, dass du – wenn du eine Auraschicht vor dir hast – sie sofort erkennen wirst.

Du solltest dir diesen Abschnitt noch einmal genau

durchlesen, wenn du zu den Übungen im zweiten Teil kommst, mit denen du das Auralesen trainieren kannst (Seite 126 ff.).

Aufbau der Übungen

Die folgenden Übungen sind in drei Gruppen unterteilt. Lies zuerst die Anleitung langsam durch und versuche dann, sie praktisch auszuführen. Teil 1 enthält Einzelübungen, dazu brauchst du keinen Partner und auch keine Gruppe. Viele Schüler sagen, dass sie niemand haben, um zu üben, und ob ich nicht Übungen hätte, die man allein durchführen kann. Achtung! Das heißt nicht, dass dabei keine anderen Personen involviert sind. Doch müssen diese nicht erfahren, dass du gerade übst oder dass du dein sensitives Talent trainierst. Diese Übungen lassen sich zum Teil ganz allein oder eben mit Personen durchführen, die nichts davon wissen.

Der zweite Teil enthält Partner- und der dritte Teil Gruppenübungen. Bei den Übungen in diesem Buch handelt es sich lediglich um Vorschläge. Die meisten können individuell verändert und der jeweiligen Situation angepasst werden. Die einzelnen Übungen haben zwischen einem und drei Sternchen, die den jeweiligen Schwierigkeitsgrad angeben. Natürlich ist auch dieser von Person zu Person unterschiedlich, und je nachdem, wie du die Übungen abänderst und wie genau du sie durchführst, verändert sich auch der

Schwierigkeitsgrad. Die Sternchen stellen nur einen Richtwert für dich dar. Auch wirst du dabei lernen, Dinge wahrzunehmen oder zu sehen und präzise zu beschreiben, von denen du vielleicht manchmal denkst: »Warum ist dies für mich wichtig?« Ich gebe dir recht, dass ich hier zeige, wie man unwichtige Dinge präzise wahrnehmen kann. Zum Beispiel wenn es darum geht, das Haus eines Klienten genau zu beschreiben. Dies sind ausgezeichnete Beispiele, da man damit lernen kann, präzise zu arbeiten. Und der Partner kann immer genau sagen, ob deine Aussagen zutreffen oder nicht. Dies ist vor allem zu Beginn sehr wichtig. Denn gerade am Anfang geht es uns auch darum, Sicherheit im Umgang mit unseren Hellsinnen zu bekommen. Daher ist es enorm wichtig, dass wir Dinge bei den Übungen zu beschreiben versuchen, die wir überprüfen können und dann sofort wissen, ob sie zutreffen oder nicht. Dies gibt uns mit der Zeit enorme Sicherheit. Es kann auch von Vorteil sein, die Wohnung oder das Haus oder den Ort, an dem das Haus des Klienten steht, genau zu beschreiben. Wenn zum Beispiel jemand mit Schlafstörungen in die Beratung kommt, kann ich sehen, wie die Einrichtung beschaffen ist, und damit sagen, was für den Schlaf abträglich sein könnte. Oder in einem anderen Fall hat jemand einen Gegenstand verloren: Dann muss ich die Wohnung beschreiben können, damit ich sagen kann, wo sich der verlorene Gegenstand befindet. Natürlich sollte man sich in so einem Fall auf diese Gebiete spezialisiert haben.

Bei den Übungen werde ich auch immer erklären, was du herausfinden sollst. Viele werden sich fragen, wie sie genau vorgehen können, damit sie die Informationen erhalten, die sie sich wünschen. Wichtig ist, dass du nicht darüber nachdenkst. Deine Energie, die die Informationen liest, weiß, wie das geht. Du musst nur deine Aufmerksamkeit auf das lenken, was dir wichtig ist, was dich interessiert, was du magst. Wenn du zum Beispiel Informationen über das Haus deines Freundes möchtest, dann denke einfach: »Ich will wissen, wie dies oder jenes bei meinem Freund ist!« Du wirst schnell merken: Je mehr du trainierst, umso schneller erhältst du die Antworten. Anfangs geschieht dies vielleicht nur bruchstückhaft, doch mit der Zeit geht es dann immer detaillierter und klarer. Beginne nicht darüber nachzudenken, wie du die Information erhältst! Stimme dich einfach auf das ein, was du erreichen möchtest, und es wird dir gelingen.

Denke immer daran: Die Energie folgt der Aufmerksamkeit! Du wirst sehr bald spüren, wenn du wirklich mit der Quelle verbunden bist, die dir die Informationen liefert. Ich persönlich denke nie darüber nach, wie ich eine Information bekomme. Ich sage einfach: »Ich möchte dieses oder jenes wissen!« Meine Hellsinne wissen, wie sie mir die Informationen liefern müssen. Dies war auch am Anfang meiner Ausbildung schon so. Heute verstehe ich die Bilder, Gefühle und Geräusche einfach besser, die ich empfange, und kann sie daher auch besser interpretieren. Doch die Eindrücke über die Hellsinne waren schon immer da, auch wenn ich sie manchmal nicht bewusst wahrgenommen habe. Du hast sensitive Fähigkeiten, sonst wäre dieses Buch nie zu dir gekommen. Erinnere dich daran, was ich über das Resonanzgesetz gesagt habe! Man zieht nur das an, was einem entspricht oder was in einem ist. Also vertraue einfach und lege jetzt los! Habe Spaß und Freude am Trainieren. Dies ist der Schlüssel zum Erfolg. Ohne Freude, Neugierde oder Spaß kannst du kein guter sensitiver Berater werden. Und noch etwas: Mach dir bewusst, dass diese Übungen zunächst nur zum Trainieren gedacht sind, dass man aber sicher die eine oder andere im Alltag anwenden kann und dass sie auch gut anzuwenden sind. Doch solltest du nicht ängstlich meinen, jedes Mal wieder alles vorher sensitiv abchecken zu müssen. Vertraue darauf, dass alles gut und okay ist. Wenn ich aus dem Haus gehe, checke ich auch nicht jeden Schritt, den ich mache, vorher sensitiv ab, ich würde ja sonst paranoid werden.

Mit all diesen einfachen Beispielen wollte ich lediglich zeigen, wie einfach es ist, überall und ständig zu üben, ohne dass alles in einem Kontrollzwang endet. Solltest du das Gefühl haben, dass du in deinem Leben keinen Schritt mehr machen kannst, ohne vorher alles sensitiv abzuchecken, dann solltest du das Üben unterbrechen. Das Üben sollte wirklich immer Spaß machen und nicht als Kontrollmittel missbraucht werden.

Und nun zu den Übungen.

Wer die Übungen nicht durchführen darf

Solltest du dich zurzeit in einer seelisch-psychisch labilen Phase befinden, kannst du die Texte gern lesen und auf dich wirken lassen. Doch ich empfehle dir, die Übungen nicht durchzuführen, bis du dich wieder stabil und sicher fühlst. Menschen, die Psychopharmaka oder Rauschmittel nehmen, rate ich, die Übungen nicht zu machen.

Übungsteil 1

Vor-Übung: Trainiere deine Hellsinne
Wir haben in diesem Buch schon die verschiedenen Hellsinne behandelt. Hier möchte ich nun zeigen, wie man die einzelnen Sinne trainieren kann, ohne dass man dazu einen Partner braucht. Ich kann nur empfehlen, diese Übung so oft wie möglich durchzuführen, am besten täglich. Der Vorteil bei dieser Übung ist: Man kann sie überall machen, egal wo man gerade ist und ganz gleich, wie viel Zeit man hat, ob man sich unter Menschen befindet oder ob man allein ist.

Beschäftigen wir uns zuerst mit dem Training des Hellsehens. Mit diesen Übungen trainieren wir das objektive und subjektive Hellsehen. Wenn du diese Übung zum ersten Mal machst, solltest du deine Augen schließen. Wenn du schon etwas trainiert bist, dann übe nur mit offenen Augen.

Übung 1: Hellsehen *
Schließe deine Augen und stelle dir vor deinem inneren Auge einen Apfel vor. Einen wunderschönen, farbigen Apfel. Schaue dir die Schale ganz genau an. Welche Eigenschaften hat sie? Ist sie fein, grob, fleckig, eben? Welche Farben nimmst du wahr? Nun drehe den Apfel! Schaue ihn von oben, von unten und dann von allen Seiten an. Es kann sein, dass du

90

den Apfel während der Übung plötzlich riechen oder schmecken kannst. Das passiert sehr oft. Wenn wir einen Hellsinn trainieren, trainieren wir die anderen Sinne mit.

Klappt die Übung? Dann gehen wir einen Schritt weiter. Versuche nun, den Apfel heranzuzoomen, bis du die Schale vielfach vergrößert vor dir siehst. Dann zoome ihn wieder weg. Lass den Apfel ganz klein werden. Nun lass ihn wieder größer werden. Diese Übung kannst du mit verschiedenen Gegenständen machen, zum Beispiel mit einer Zitrone, einem Stein, einem Auto, verschiedenen Pflanzen, Tieren, Gesichtern usw. Der Phantasie sind hierbei keine Grenzen gesetzt. Wichtig ist nur, dass du dir die Gegenstände gut vorstellen kannst. Gelingt dir diese Übung gut, und du hast sie ein paar Wochen trainiert, wird sich automatisch deine Hellsichtigkeit verstärkt haben. Dann gehe zum nächsten Schritt über! Diese Übung hat denselben Ablauf, nur wird sie mit geöffneten Augen durchgeführt. Diese Übung ist am Anfang schwer, doch mit der Zeit kannst du auch das ohne Probleme. Du solltest dir aber mindestens 30 Tage Zeit zum regelmäßigen Üben lassen. Dann wirst du ganz klare Erfolge feststellen können.

Übung 2: Hellsehen *

Auch die folgende Übung kannst du überall durchführen. Sie ist vor allem dazu geeignet, Dinge hellsichtig wahrnehmen zu lernen, die man noch nicht in- und auswendig kennt.

Schau dich in dem Raum oder in dem Ort, an dem du dich befindest, um und wähle einen Gegenstand oder ein Objekt aus. Schaue es dir genau an und versuche, es mit allen Einzelheiten zu erfassen. Dann schließe deine Augen und rekonstruiere das Objekt vor deinem inneren Auge. Wenn dir dies gut gelingt, kannst du es wieder hin- und herzoomen. Du kannst es drehen oder wenden und von allen Seiten betrachten. Wenn dir auch das gut gelingt, dann versuche, auch diese Übung wieder mit offenen Augen zu machen. Schau dir wieder einen Gegenstand an, und richte deinen Blick in eine andere Richtung. Versuche nun, mit offenen Augen zu rekonstruieren, was du gesehen hast. Auch hier kannst du den Gegenstand hin- und herzoomen, ihn drehen und wenden.

Übung 3: *Hellfühlen* *

Die nächste Übung ist vom Ablauf her ähnlich wie die beiden vorhergehenden. Wir nutzen auch hierzu unsere Vorstellungskraft, um unser Hellfühlen zu trainieren. Mit der Hellfühligkeit kann ich im Grunde alles wahrnehmen. Damit einem aber das gelingt, muss sie gut trainiert worden sein. Ich möchte im Folgenden zeigen, wie man das Hellfühlen trainieren und dabei hellfühlend die Wohnung oder das Haus eines Klienten beschreiben kann. Natürlich lässt sich diese Übung auch auf verschiedene andere Bereiche ausdehnen, das Prinzip jedoch bleibt immer dasselbe.

Stell dir zunächst vor, wie es sich anfühlt, in einer Villa zu stehen? Versuche die Weite der Räume zu fühlen. Spüre die Atmosphäre, stell sie dir einfach nur vor. Dann stelle dir eine kleine Zwei-Zimmer-Wohnung vor. Wie ist hier die Atmosphäre, wie fühlt diese sich an? Versuche den Unterschied zur Villa zu spüren. Wichtig bei dieser Übung ist, nicht daran zu denken, wie es sich anfühlen könnte, sondern fühle es einfach. Dann geh wieder zurück zur Villa. Stell dir vor, die Villa ist in einer ländlichen Gegend. Fühle, wie sich die ländliche Gegend anfühlt. Geh in der Villa an ein Fenster und fühle, wie sich die Aussicht anfühlt. Gehe wieder zurück in die kleine Wohnung. Fühle, dass die Wohnung in einer Stadt ist. Rund um dich herum sind Häuser. Fühle den Unterschied zur ländlichen Villa. Wenn du in der Wohnung am Fenster stehst, versuche, die Aussicht zu fühlen. Auf welcher Seite stehen mehr Häuser? Befindest du dich im Erdgeschoss oder in einem der oberen Stockwerke? Wenn ja, in welchem? Geh ans Fenster und fühle die Tiefe vom Fenster bis zum Boden. Versuche, diese Übungen in verschiedenen Varianten durchzuführen. Deiner Phantasie sind dabei keine Grenzen gesetzt.

Wichtig zu wissen ist, dass wir mit dieser Übung an unserem Vorstellungsvermögen arbeiten. Das hat noch nichts mit einer außersinnlichen Wahrnehmung zu tun. Wir können auch immer, wenn wir beispielsweise irgendwo zu Besuch sind, die Energie der jeweiligen Wohnung zu fühlen versuchen, die

Energie des Ortes, des Landes usw. Wir können mit den außersinnlichen Sinnen nur das wahrnehmen, was wir schon kennen. Wenn ich nicht weiß, wie sich eine Villa anfühlt, werde ich es bestenfalls als großes Haus wahrnehmen, aber nicht erfühlen können, dass es sich um eine Villa handelt. Wenn ich noch nie in einem Gebäude mit beispielsweise 30 Stockwerken war, werde ich zwar erkennen können, dass es sich um ein sehr hohes Gebäude handelt, aber nicht, wie hoch das Gebäude genau ist. So zeigt mir meine Erfahrung, ob ich mir eine Wohnung im 30. Stockwerk in allen Einzelheiten nur vorstelle oder ob ich wirklich da war. Wir müssen uns solche Dinge immer wieder vor Augen führen und sie zu erfühlen versuchen.

Auch wenn du in ein Auto steigst, kannst du seine Energie erfühlen. Ist es ein Porsche, fühlt es sich anders an, als wenn es sich um einen VW Golf handelt. Die Sitze fühlen sich anders an, die ganze Energie, und man kann mit der Hellfühligkeit sehr leicht erkennen, welches Auto der Klient fährt. Ich behaupte nicht, dass dies besonders sinnvoll ist, um die Hellfühligkeit zu trainieren, aber wir sollten jede Möglichkeit dazu nutzen, die sich uns bietet. Eine weitere Möglichkeit, die die Hellfühligkeit trainieren hilft, ist etwas zu berühren und sich genau zu merken, wie es sich anfühlt. Versuche zu spüren, wenn du jemandem die Hand gibst, welche Informationen erhältst du mit der kurzen Berührung? Wie fühlt sich eine alte Hand an? Und wie eine junge? Wie die einer Frau oder die von einem Mann? Fühle den Händedruck! Welche Informationen erhältst du dabei? Alles, was dir begegnet, ist Energie, und diese Energie kann man lesen. Achte einige Wochen einmal nur auf deine Hellfühligkeit bei allem, was du tust. Auch ein Parfümduft kann das Hellfühlen beeinflussen. Wir kennen dies alle: Wir riechen etwas und spüren zugleich einen Druck im Solarplexus, der sich bis in eine Übelkeit hinein steigern kann. Das heißt also, dass der Geruchssinn uns beeinflusst. Wir nehmen weit mehr mit unseren Hellsinnen wahr, als uns bewusst ist. Wir nutzen täglich unsere Hellfühligkeit, obschon vielen dies gar nicht bewusst ist. Wir stehen beispielsweise an einer Kasse in der Warteschlange. Auf einmal stellt sich jemand hinter uns. Wir nehmen dabei ganz automatisch die Energie der Person hinter uns wahr. Es gibt Situationen, da machen wir sofort einen Schritt nach vorn, und es gibt Situationen, da müssen wir uns geradezu umdrehen und schauen, wer da hinter uns ist. Ja, und es gibt auch Energien, die uns beflügeln, uns Ruhe bringen oder sogar etwas Heilendes an sich haben. Stell dir vor: Du befindest dich in einem Raum, da kommt jemand herein, der sehr hektisch und nervös ist. Was passiert dabei mit dir? Du wirst wahrscheinlich auch nervös und wirst unruhig. Oder etwa nicht? Oder ein anderes Beispiel: Wir sind eingeladen und kommen in einen Raum, und auf uns legt sich sofort eine bedrückte Stimmung. Du wirst in der

Wohnung traurig oder auch aggressiv. Vielleicht sprichst du die Gastgeber sogar darauf an. Und der Gastgeber sagt: »Wir hatten vorher einen Streit, da ist es kein Wunder, dass du die Aggression spürst.« Oder es wird dir berichtet, dass dem Gastgeber etwas Schlimmes passiert ist, etwas, was ihn sehr traurig macht, ein Todesfall zum Beispiel oder Unfall, eine Krankheit usw.

Ich könnte noch viele Beispiele aufzählen, in denen wir von unserer Hellfühligkeit beeinflusst werden. Wenn wir immer stärker darauf achten, dann werden wir unsere Hellfühligkeit auch immer besser verstehen können. Aber Achtung: Auch wenn wir etwas Negatives fühlen, zum Beispiel einen Streit, sollten wir nicht sagen, der Mensch oder das Haus hat schlechte Energien. Wir sollten also mit Bewertungen vorsichtig sein, vielmehr sollten wir einfach die Energie des Streites neutral, sachlich wahrnehmen. Wenn es dir gelingt, die Energie neutral wahrzunehmen, dann kann dich die Energie auch nicht herunterziehen oder dich aus dem Gleichgewicht bringen. Energien können uns nur dann aus dem Gleichgewicht bringen, wenn wir sie bewerten. Jeder kennt Menschen, die sagen, sie müssten sich vor negativen Menschen schützen oder dass alles negativ strahlt. Dabei muss man sich fragen, warum diese Menschen immer alles bewerten und negativ sehen. Wovon wollen sie damit ablenken? Wenn dir solche Energien begegnen, dann bewerte sie also nicht. Sondern sag dir einfach: »Ach, das ist eine

Stressenergie oder eine Aggression, wie spannend!« Versuche einfach, solche Energien spannend zu finden, und lerne in deinem Training, alle Energien wahrzunehmen. Dann können dich vermeintlich negative Energien in keiner Weise beeinträchtigen oder beeinflussen.

Übung 4: *Hellhören**

Auch diese Übung ist den vorherigen Übungen ziemlich ähnlich. Beim Hellhören würde ich mich auf einzelne Worte konzentrieren, zum Beispiel auf Namen, Ortschaften, Länder oder auf die Sprache, nicht jedoch auf ganze Sätze. Denn dass man ganze Sätze hellhörend empfangen kann, ohne dass sie durch unsere Gedanken und Phantasien verfälscht werden, ist äußerst unwahrscheinlich. Das heißt aber nicht, dass unverfälschtes Hellhören unmöglich sei. Ich persönlich arbeite während einer Sitzung nicht sehr viel mit der Hellhörigkeit. Ich nutze sie überwiegend für Namen oder für die Spracherkennung, die ich hauptsächlich für die Kommunikation mit Verstorbenen brauche, auch wenn dies jetzt nicht das Thema ist, möchte ich dennoch kurz darauf eingehen.

Mit Verstorbenen spreche ich beispielsweise auch nicht in einer bestimmten Sprache, sondern über Bilder und Gefühle, so wie beim sensitiven Wahrnehmen. Doch kann ich zum Beispiel über die Hellhörigkeit erkennen, welche Sprache der Verstorbene gesprochen hat, ob er mit einem bestimmten Ak-

zent sprach oder ob sie irgendeine andere Auffällig-
keit aufwies. Das funktioniert natürlich nur, wenn
ich die Sprache erkennen kann und weiß, um welche es sich handelt. Ich muss sie jedoch nicht selbst
beherrschen. Mir muss jedoch ihre Energie geläufig
sein. Auf diese Weise kann ich auch Dialekte erkennen oder Eigenarten in der Sprechweise. Auch als
sensitiver Berater kann es von Bedeutung sein, die
Hellhörigkeit zu trainieren, zum Beispiel für die Polizeiarbeit, wenn es um den Namen des Verbrechers,
um seine Lebensdaten, seine Sprache, seinen Dialekt usw. geht. Doch nun zur Übung:
Wollen wir zum Beispiel verschiedene Sprachen
hellhörend erkennen, dann ist es wichtig, dass wir
die häufigsten Sprachmelodien erkennen können.
Ich höre zum Beispiel Menschen auf der Straße, die
französisch sprechen, gut zu und versuche dann,
mir nur ihre Sprachmelodie zu merken. Dazu muss
ich sie nicht verstehen, sondern mir nur die Melodie einprägen. Dann merkt man sehr bald, dass
Französisch, Italienisch oder auch Spanisch für das
ungeschulte Ohr zwar ähnlich klingen, mit der Zeit
jedoch kann man feststellen, welch massive Unterschiede die Sprachen aufweisen. Versuche einmal,
in eine Sprache richtig einzutauchen. Versuche, sie
dir mit deinen Ohren und allen anderen Hellsinnen
einzuprägen. Geh immer wieder in die Stille und re-
produziere in der Stille eine Sprachmelodie. Versuche, die Melodie in deinem Ohr ganz klar zu hören.
Mit der Zeit kannst du sehr schnell die verbreitet-

sten Sprachen voneinander unterscheiden. Ein sehr gutes Hilfsmittel hierfür kann der Fernseher sein. Damit kann man viele unterschiedliche Sprachen gewissermaßen im Wohnzimmer studieren. Bald merkst du auch, dass Englisch nicht gleich Englisch ist, sondern dass es bei dieser Sprache enorme Unterschiede gibt, zum Beispiel zwischen britischem oder amerikanischem Akzent. Auf diese Weise kann man auch Namen lernen. Sprich einen Namen immer wieder aus und versuche, die Melodie des Namens zu hören und dir zu merken. Anfangs wirst du die Namen nicht immer klar hören, zumindest aber Mühe haben, aus der Melodie genau herauszuhören, ob zum Beispiel Anna oder Hanna gesagt wurde. Diese Schwierigkeiten sind jedoch ganz normal.

Mit folgender Übung kannst du ganz bewusst versuchen, die Energie einer bestimmten Musik wahrzunehmen. Jede Musikrichtung hat ihre eigene Energie. Wenn gerade Hip-Hop im Radio gespielt wird, dann versuche einmal, sie mit allen Sinnen zu erfassen. Stell das Radio dann ab und versuche, sie in deiner Vorstellung nachzuhören. Es ist wie bei einem Ohrwurm: Man bringt die Musik fast nicht mehr aus dem Gedächtnis. Mach dies mit verschiedenen Genres. Dabei ist es nicht wichtig, wenn du mit einem Klienten arbeitest, dass du den Interpreten kennst und benennen kannst. Aber es ist spannend, wenn du dich bei deiner Arbeit mit dem Klienten mit deinen ganzen Hellsinnen in dessen Wohnzimmer befindest und dort seine große CD-Sammlung siehst und sie dann mit deiner Hellhörigkeit heraushören und sagen kannst, welche Musik er besonders gern mag. Wenn du sagen kannst: »Ich sehe, dass dir Musik sehr wichtig ist. Du bevorzugst Klassik, vor allem Streicher.« Auch wenn du hier nicht den Interpreten nennen kannst, ist dies ein sehr guter Beweis deines Hellhörens.

Das Trainieren einzelner Hellsinne habe ich mit Absicht nur sehr kurz gehalten, weil ich glaube, dass jeder weiß, worum es dabei geht und er die Übungen beliebig verändern und für seine Situation anpassen oder neu zusammenstellen und auf seine Bedürfnisse hin variieren kann. Ich habe bei den Übungen vor allem unsere drei Haupthellsinne in den Mittelpunkt gestellt, und mich aufs Hellhören, Hellsehen und Hellfühlen beschränkt, weil wir diese bei unserer Arbeit am meisten brauchen. Hellschmecken und Hellriechen dagegen brauchen wir kaum, und das Hellwissen lässt sich ohnedies nicht trainieren.

Ich empfehle dir, diese Übungen immer wieder zu machen. Bevor du mit den nächsten beginnst, solltest du bereits einige Wochen vorher mit dem Training deiner Hellsinne beginnen, je nachdem, wie viele Übungen du bereits durchgeführt hast. Auch rate ich dir, immer wieder deine Hellsinne zu trainieren. Ich mache diese Vor-Übungen auch immer wieder. Sie wurden von mir speziell für mein Training entwickelt. Immer wenn ich merke, dass ein Hellsinn nicht mehr so geübt ist, dann arbeite ich speziell daran. Manchmal schule ich mich ganz bewusst für einen bestimmten Auftrag. Dann passe ich meine Übungen gezielt dem Auftrag an, damit ich diesen möglichst gut ausführen kann. Für meine tägliche Praxis brauche ich kaum noch speziell zu trainieren. Doch darf ich zum Beispiel immer wieder mal bei der Klärung von Mordfällen helfen. Wenn ich dann mit der Polizei zusammenarbeite, ist es ein ganz anderes sensitives Arbeiten als jenes in meiner Praxis. Derartige Aufträge habe ich etwa zwei- bis dreimal im Jahr. Daher habe ich für solche Aufträge auch nicht so viel Praxis. Aber immer, wenn ich einen Auftrag bekomme, arbeite ich je nach Anforderung an meine Sinne mit bestimmten Lerneinheiten, damit mir die Polizeiarbeit leichter fällt.

Einzelübungen im Alltag: Welche Post habe ich heute?

Eine wunderbare Übung, die du jeden Tag machen kannst, ist sensitiv zu erfahren, was du heute für Post bekommst und welche Nachrichten du erhalten wirst. Allein zur Post gibt es unzählige Übungen, die du machen kannst. Ich kann hier allerdings nur einige Beispiele nennen. Sie bietet den Vorteil, dass du deine Ergebnisse sofort überprüfen kannst. Du weißt sogleich, was dir gut gelungen ist und was noch nicht optimal funktioniert. Die sofortige Fehlerkontrolle finde ich äußerst wichtig, um ein überprüfbares Resultat zu erzielen.

***Übung 5:** Ist die Post schon da?* *

Diese Übung ist ziemlich leicht. Richte den Fokus deiner Sensitivität auf deinen Briefkasten und schaue, ob schon Post da ist. Es kann sein, dass du dies hellsichtig wahrnimmst und siehst, dass der Briefkasten mit Sendungen voll ist oder dass du dies fühlst. Diese Übung empfehle ich, jeden Tag zu machen. Wenn der Briefträger immer ungefähr zur gleichen Zeit kommt, ist das für die Übung nicht sehr gut. In diesem Fall würde ich dann die Übung einfach weglassen.

***Übung 6:** Wie viele Briefe sind in der Post,
und was steht in den Briefen?* *

Mit dieser Übung kannst du deine Sensitivität trainieren. Es geht darum, herauszufinden, wie viele Briefe sich in deiner Post befinden. Führe diese Übung einige Tage lang durch, bis du mit deinen Prognosen sehr gute Resultate erzielst, und gehe dann noch einen Schritt weiter. Nun geht es darum, wahrzunehmen, wie viele Geschäftsbriefe, Rechnungen, wie viele neutrale und persönliche Briefe es sind. Nimm die Energie der persönlichen Post wahr und konzentriere dich darauf, wer der Absender ist. Ist es ein Mann? Eine Frau? Was steht in den Briefen? Handelt es sich um erfreuliche oder um unerfreuliche Nachrichten? Bei den Rechnungen kannst du versuchen herauszufinden, von wem die Rechnung ist und wie hoch der Rechnungsbetrag ist? Auch bei dieser Übung sind verschiedene Ableitun-

gen möglich. Du kannst beliebig damit spielen und
üben. Auch diese Übung lässt sich sofort überprüfen. Und sie hat noch einen weiteren Vorteil: Die
Post kommt etwa 6-mal in der Woche. Somit kannst
du 6-mal in der Woche trainieren.

Übungen mit dem Telefon

Auch mit dem Telefon lassen sich einige tolle Übungen entwickeln, mit denen wir unsere Sensitivität
trainieren können, auch wenn dies immer schwieriger wird, weil auf den Telefonen und Handys meistens die Nummern angezeigt werden. Dadurch wissen wir immer sofort, wer anruft. Dennoch hat
auch das Telefon den Vorteil, dass du täglich damit
trainieren kannst, ohne dass du einen Partner
brauchst, und dass du sofort die Antwort überprüfen kannst.

Übung 7: Wer ist am Telefon? **
Erfasse sensitiv, wer dich anruft, sobald dein Handy
oder dein Telefon klingelt. Wichtig ist dabei, dass du
nicht auf das Display schaust und auch keine bestimmten Anrufe erwartest. Beantworte die Fragen:
Ist es jemand, den du kennst? Wen ja, wer ist es?
Wenn du das Gefühl hast, es ist jemand, den du
nicht kennst, dann versuche zu erfühlen, ob es sich
um einen Mann oder eine Frau handelt. Diese
Übung kannst du nicht nur bei einem Anruf machen, sondern auch, wenn du eine SMS erhältst.

Übung 8: Grund des Anrufs? **

Versuche, mit deinen Hellsinnen herauszufinden, warum diese Person anruft. Hier ist schnelles Arbeiten notwendig. Doch das brauchst du auch in deinen Beratungen. Im Normalfall klingelt das Telefon vielleicht 15 Sekunden, d. h., du musst in dieser kurzen Zeit den Grund des Anrufs mit deinen Hellsinnen erfassen. Am Anfang ist dies sicher sehr schwer, doch mit der Zeit gelingt dir dies ganz leicht, auch wenn du nur 15 Sekunden Zeit hast. Und auch bei dieser Übung erhältst du sofort die Antwort: Einfach den Hörer abnehmen und fragen, was der Grund für den Anruf ist.

Übung 9: Was macht die Person gerade oder was hat sie gemacht? **

Bevor du einen Freund anrufst oder einen Bekannten bzw. eine Bekannte, schwinge dich mit deinen Hellsinnen auf die Person ein. Versuche wahrzunehmen, was die Person gerade macht oder was sie am letzten Wochenende gemacht hat und was sie dabei erlebt hat. Wenn es ein Freund ist, der weiß, dass du gerade deine Sensitivität trainierst, kannst du ihn sofort anrufen und ihm berichten, was du wahrgenommen hast. Du könntest ihm auch gleich mitteilen, welche Kleidung er gerade trägt. Falls du nicht mit der Türe ins Haus fallen möchtest, versuche es, mit einem längeren Gespräch herauszufinden. Vergiss aber nie deine ethischen Grundsätze bei solchen Übungen. Es gibt Bereiche, die sollte man sich nicht anschauen, weil dies sonst den Freund verletzen könnte.

Übungen für Verabredungen, Treffen und wenn du Gast bist

Wir haben alle immer wieder einmal eine Verabredung. Und auch solche Situationen sollte man zum Üben nutzen. Während meiner Ausbildung habe ich keine Möglichkeit ausgelassen, um zu üben. Ich höre heute noch meine Mitschüler oder auch meine eigenen Schüler sagen, es fehle ihnen die Zeit zum Trainieren. Diese Ausrede zählt für mich nicht. Wer üben will, der findet täglich genügend Gelegenheiten zum Trainieren. Wer allerdings nicht will, der findet auch genügend Ausreden, warum es nicht funktioniert. Aber dann darf man bitte auch nicht jammern, wenn man keine Fortschritte macht.

Übung 10: Was trägt mein Freund oder die Person, mit der ich verabredet bin? **

Wenn du dich in Zukunft mit einer Person triffst, egal ob zum Meeting oder privat, dann nutze deine Sensitivität und finde heraus, was die Person trägt. Was für Farben, lange oder kurze Sachen? Material? Elegant oder bequem, benutzt die Person einen Duft (Parfüm), viel oder wenig. Angenehm oder unangenehm. Wie ist die Frisur, Haarfarbe, wenn du jemanden noch nie gesehen hast, und so weiter und so fort.

Übung 11: Was erzählt die Person?
Worum geht es? **

Wenn mich jemand um ein Treffen bittet und ich
nicht weiß, worum es bei dem Treffen gehen wird,
dann überlege ich vorher immer, um was es sich
handelt. Wenn du dich in Zukunft mit einem Freund
triffst, dann schreibe vor dem Treffen auf, was dir
dein Freund heute erzählen wird, was ihn bewegt,
und überprüfe es danach mit deiner Wahrnehmung.
Wenn dich zum Beispiel dein Chef um ein Gespräch
bittet, dann nutze deine Sensitivität, um zu erfahren, ob das Gespräch angenehm oder unangenehm
sein wird. Worum wird es gehen: um eine Lohner-
höhung oder um die Kündigung? Diese Übung hat
den Vorteil, dass du dich anhand dieser Übung in
Zukunft besser auf Gespräche vorbereiten kannst.
Du kannst auch Argumente bereitlegen und bist
dann über den Gesprächsverlauf nicht überrascht,
und dies kann dir auch dabei helfen, in unangeneh-
men Situationen das Heft in der Hand zu behalten.

Übung 12: Wie sieht der Partner,
die Partnerin aus? *

Wenn du von jemandem eingeladen wirst, den du
noch nicht kennst, kannst du deinen Gastgeber
schon vorab einmal genauer kennenlernen. Versuche mit Hilfe deiner Sensitivität bereits im Vorfeld
der Einladung herauszufinden, wie er oder sie aussieht: seine Größe, Haarfarbe, Kleidung, sein Alter
und beispielsweise seinen Dialekt bzw. seine Spra-

che. Versuche außerdem herauszufinden, welche Interessen er hat? Wie lange kennen sich die Gäste schon? Welche Hobbys hat der Partner? Wie ist seine Persönlichkeit, sein Charakter? Sobald du nun den Partner kennengelernt hast, solltest du deine gesamte Wahrnehmung überprüfen. Diese ein wenig abgeänderte Übung mag ich persönlich sehr gern. Wenn ein Freund zu mir kommt, der mir erzählt, dass er jemanden kennengelernt hat, habe ich früher oft gefragt: »Darf ich sie dir kurz beschreiben?« Und dann legte ich los. Der Freund durfte nur ja oder nein sagen. Einige Freunde hatten immer Angst, dass ich ihre neue Angebetete schon näher kennengelernt haben könnte.

Übung 13: *Wie sieht die Wohnung aus?* ***
Wenn du von jemand eingeladen bist, dessen Wohnung du aber noch nicht kennst, ist es ideal, sie mit deinen sensitiven Fähigkeiten schon vorab einmal zu erkunden. Diese Übung setzt keine Grenzen. Je mehr Übung du darin hast, umso klarer solltest du die verschiedensten Dinge sehen können. Schaue zuerst, ob dein Gastgeber in einem Haus, in einem Mehrfamilienhaus oder in einer Etagenwohnung lebt. Ob er auf dem Land oder in der Stadt lebt. Lebt er in einer Etagenwohnung, dann schaue, in welchem Stockwerk er wohnt. Wie groß ist seine Wohnung? Wie ist sie eingerichtet? Was sieht man, wenn man aus dem Fenster blickt? Erkenne spezielle Einrichtungsgegenstände in der Wohnung. Hier gibt es

unzählige Möglichkeiten, was man alles sehen kann und was dir Gelegenheit zum Üben bietet. Doch lass dir Zeit dabei, und gib nicht zu schnell auf! Es braucht eine gewisse Zeit, bis man Einzelheiten genau erkennen kann.

Übung 14: Pünktlichkeit *

Wenn du dich zu einer bestimmten Uhrzeit mit jemandem verabredest, dann schaue vorher, ob die Person pünktlich kommt oder nicht. Wenn dir dies gut gelingt, dann versuche sensitiv die genaue Uhrzeit herauszufinden, wann die Person kommt. Um wie viele Minuten wird sie sich verspäten? Versuche den Grund für die Verspätung zu spüren.

Übung 15: Was gibt es zu essen? *

Du bist zum Essen eingeladen. Dies ist wiederum ein idealer Anlass, deine Sensitivität zu trainieren. Schaue schon vorher, was es zu essen geben wird. Dann weißt du bereits, ob dir das Essen schmeckt oder nicht. Falls es dir nicht schmeckt, kannst du vorher noch schnell zum MC-Drive fahren und dir einen Schnellimbiss holen. Doch versuche am Anfang nicht, das genaue Gericht zu erkennen, sondern konzentriere dich auf das gesamte Essen, zum Beispiel, ob es nur Gemüse gibt oder mehr Gemüse als andere Speisen. Gibt es viel Fleisch? Oder gibt es etwas mit Sauce? Mit der Zeit kannst du vielleicht die einzelnen Gerichte klar erkennen. Aber am Anfang könnte es sein, dass du beim Dessert einfach eine

Creme erkennst, aber noch nicht genau, ob es sich um eine Schokoladencreme oder Caramelcreme handelt.

Wir trainieren auch im Urlaub

Wenn du in den Urlaub fährst, ist dies ist kein Grund, nicht zu trainieren. Gerade im Urlaub kann es sehr wichtig sein, mit der Sensitivität einige Dinge vorab geklärt zu haben. Es kommt immer wieder vor, dass ein Schüler nach dem Urlaub zu mir in die Praxis kommt und sagt: »Mein Urlaub war gar nicht erholsam, es war ganz schlimm dort.« Ich antworte dann oft darauf: »Du bist selbst daran schuld. Warum hast du dir vorher nicht den Ort oder das Hotel genauer angeschaut!« Wir vergessen nämlich manchmal, dass wir unsere Sensitivität nutzen können, um kleine alltägliche Dinge schöner zu gestalten und dabei auch noch zu üben. Ab heute ist dies aber vorbei. Ab heute kannst du deinen Ferienort bereits bevor du in Urlaub fährst, schöner gestalten. Natürlich lassen sich diese Übungen auch bei Geschäftsreisen anwenden.

Übung 16: Wie ist das Ferienland? *

Du planst einen Urlaub, kennst aber das Land nicht? Kein Problem: Stimme dich mit deinen Hellsinnen auf das Land ein. Du kannst auch ein Foto zu Hilfe nehmen, auf dem ein Teil des Landes abgebildet ist. Nimm es in deine Hände und stimme dich damit auf

das Land ein. Passt das Land zu dir? Fühlst du dich
dort wohl? Wie hoch sind die Temperaturen dort?
Wie ist das Wetter insgesamt? Wenn dir deine
Wahrnehmung sagt, dass es nicht der richtige Ort
zum Urlaub machen ist, dann kannst du deine
Wahrnehmung schlecht überprüfen, ohne dass du
dort gewesen bist.

Übung 17: Wie ist die Lage des Hotels/ der Unterkunft? **

Die folgende Übung finde ich persönlich sehr wichtig. Dabei ist es egal, ob du im Urlaub bist oder dich
auf Geschäftsreise befindest. Wenn du zum Beispiel
sehr geräuschempfindlich bist, dann stimme dich
mit deiner Sensitivität auf deine Unterkunft ein! Höre mit deiner Hellhörigkeit, ob du Geräusche hörst.
Handelt es sich dabei um einen Zug? Ist es die Auto-
bahn? Oder eine stark befahrene Autostraße? Ist es
eine Tram? Oder ist es die S-Bahn? Oder hörst du
Kirchenglocken, den Ezan-Gesang einer Moschee?
Schaue, ob die Zimmer hellhörig sind! Hört man den
Zimmernachbarn, wenn er ganz normal spricht?
Dringen andere Geräusche in dein Zimmer?
Diese Übung ist am Anfang nicht ganz so leicht.
Doch je öfter du sie praktizierst, desto einfacher
wird sie. Wo befindet sich deine Unterkunft? Liegt
sie mitten in der Stadt? Bestehen gute Verkehrsan-
bindungen? Oder ist deine Unterkunft eher um-
ständlich zu erreichen?

Übung 18: *Wie ist das Hotel bzw.*
*die Unterkunft?***

Im nächsten Schritt geht es darum zu untersuchen, ob die Unterkunft allgemein deinen Wünschen entspricht. Wie ist es um die Sauberkeit bestellt? Wie sieht das Badezimmer aus? Ist der Spiegel für die Damen groß genug? Gibt es eine Dusche oder eine Badewanne? Wie sieht das Bett aus? Ist es groß genug? Leg dich gedanklich ins Bett, probiere es aus. Wäre es dir angenehm? Bekommst du in dem Bett Rückenschmerzen? Auch das Personal ist wichtig. Ist es hilfsbereit? Spricht das Personal deine Sprache? Wie ist die Sicht aus dem Fenster? Ist es möglich, von deinem Zimmer auf das Meer zu blicken? Ist wirklich alles so, wie es im Katalog beschrieben wurde?

Funktionieren die elektrischen Geräte im Zimmer, zum Beispiel der Fön, die Klimaanlage und das Fernsehgerät? Vielleicht wenden einige ein, dass sie das doch anhand des Prospekts herausfinden könnten. Warum also sollte man die Übung durchführen? Erstens handelt es sich um eine Übung, und zweitens eignen sich diese Bereiche sehr gut dazu. Und schließlich wird oft in einem Prospekt nur die halbe Wahrheit geschrieben.

Wenn du das Risiko liebst und offen und spontan bist, dann wähle doch einmal einen Urlaubsort nur über deine Hellsinne aus, also ohne dass du irgendwelche Prospekte genau studierst und ohne jede Hotelbeschreibung. Finde alles nur mit deinen Hellsin-

nen heraus, dann fahr in den Urlaubsort und überprüfe alles, was du gesehen hast. Dies wird bestimmt ein sehr spannender Urlaub. Du solltest es
allerdings erst machen, wenn du schon ein wenig
trainiert hast. Doch ich bin ganz sicher, dass die Mu-
tigen unter uns belohnt werden.

Übung 19: *Gibt es Verspätungen auf der Reise?* *
Finde mit deiner Sensitivität heraus, ob du vielleicht
früher losfahren musst, damit du nicht im Stau
stehst. Wann ist der ideale Zeitpunkt, um loszufah-
ren? Kommen deine Anschlussverbindungen wie
Bus, Zug oder das Flugzeug vielleicht zu spät? Gibt
es Verzögerungen auf deiner Reisestrecke? Wie sieht
der ideale Reiseweg aus?

Übung 20: *Wie ist das Essen?* *
Ich würde nicht herauszufinden versuchen, was es
alles für Gerichte gibt. Natürlich könnte man das,
doch ich finde, dass dies zu schwer ist. Wenn jedoch
jemand daran Spaß hat, dann soll er es ruhig probie-
ren. Was ich allerdings vorab unbedingt sensitiv prüfen würde, betrifft die Qualität des Essens. Ist das
Essen genießbar und erfüllt es deine Erwartungen?
Gerade wenn man auswärts isst, kann es von Vorteil
sein, mit seinen Hellsinnen die betreffenden Küchen
genauer unter die Lupe zu nehmen.

Übung 21: *Wie ist die Reisebegleitung/* *Reisegruppe?* **

Wenn du eine Gruppenreise planst, empfiehlt es sich zu versuchen die Gesamtenergie der Reisegruppe wahrzunehmen. Sind die Leute angenehm oder eher unangenehm? Passen sie zu dir oder eher nicht? Falls du mit öffentlichen Verkehrsmitteln unterwegs bist, kannst du auch vorher prüfen, was es für Menschen sind, mit denen du diese Reise antrittst. Handelt es sich vielleicht um grölende Fußballfans, die mit dir im Zugabteil sitzen werden, oder um eine nette alte Dame, die dir während der Fahrt ihre ganze Lebensgeschichte erzählen wird? Falls du in Urlaub gehst und am Urlaubsort ein Reisebegleiter oder Tour-Guide für dich zuständig sein wird, würde ich vorher prüfen, ob dieser zu dir passt oder nicht. Schließlich bist du ja mit dieser Person dann länger unterwegs.

Übung 22: *Wo finde ich was?* ***

Die nächste Übung ist meines Erachtens eine der anspruchsvolleren. Ich persönlich finde sie allerdings enorm faszinierend. Vor Kurzem habe ich diese Übung ganz dringend benötigt. Ich war zwei Tage unterwegs und hatte das Ladegerät für mein Mobiltelefon zu Hause vergessen. Der Akku ging immer mehr dem Ende zu, und ohne mein Handy bin ich ziemlich aufgeschmissen. Erstens weiß ich keine Nummern auswendig, dann verwalte ich auf dem Gerät alle meine Termine und obendrein habe ich auch meine ganze Musik darauf. Ich brauchte also so schnell wie möglich ein Ladegerät. Das Problem war nur: Ich hatte nur eine Stunde Zeit, und ich war in keiner Stadt, sondern eher in einem etwas größeren Dorf. Zudem kannte ich mich dort überhaupt nicht aus. Zunächst versuchte ich etwa 40 Minuten lang, mit Logik einen Akku zu finden. Doch die Zeit wurde immer knapper, und ich hatte immer noch kein Akkugerät. Endlich kam ich auf die Idee, mich von meiner Sensitivität führen zu lassen. Ich stieg in mein Auto und fuhr einfach los, geleitet von meinen Hellsinnen. Plötzlich bekam ich den Impuls zu parken, was ich auch tat, und siehe da: Ich stand vor einem Elektrogeschäft! Ich konnte mir nicht vorstellen, dass es dort Zubehör für Mobilfunk geben könnte, da es von außen eher wie ein Altersheim für alte Waschmaschinen aussah als ein modernes Telekommunikationsgeschäft. Ich betrat den Laden und fragte nach einem Ladegerät. Tatsächlich wurde ich auch fündig. So war der Tag gerettet!

Diese Übung setzt großes Vertrauen in deinen Hellsinn voraus und ist wirklich nicht leicht. Ich schlage daher vor, zuerst eine Vorübung durchzuführen, um die Impulse genauer zu fühlen. Wenn du einmal an einem Tag nichts vorhast, dann entschließe dich, etwas Spannendes zu erleben, etwas, was dir sehr wichtig ist. Lass dich dann von deiner Sensitivität leiten und an bestimmte Orte führen. Es kann sein, dass dich deine Hellsinne in eine dir völlig unbekannte Stadt führen oder dich an Orte lenken, die du normalerweise nie aufsuchen würdest. Hierbei ist es enorm schwer, den Kopf auszuschalten. Doch diese Übung kann sehr spannend sein.

Die Übung lässt sich folgendermaßen variieren: Wenn du zum Beispiel in einem großen Supermarkt oder an einem sehr unübersichtlichen Ort mit einem Freund oder einem Partner bist und ihr habt euch meinetwegen aus den Augen verloren, dann lass dich durch deine Sensitivität wieder zu deinem Freund oder Partner zurückführen. Falls dir das gelingt, kannst du dich zum Schluss – wie weiter oben beschrieben – mit Hilfe deiner Hellsinne zu einem bestimmten Geschäft oder Ort führen lassen. Wenn du sehr gut in dieser Übung bist, kannst du auch dein Navigationsgerät ausschalten und dich von deiner Sensitivität von A nach B führen lassen. Dies setzt allerdings großes Vertrauen voraus, und diese Übung ist sicher eine der anspruchsvollsten in diesem Buch.

Übungen für den Alltag

Die folgenden Übungen habe ich selbst immer gern gemacht, um meine Hellsinne zu trainieren. Sie sind nicht systematisch geordnet und wollen einfach am Ende des ersten Übungsteils noch einmal zum Üben anregen. Du kannst dir selbst Beispiele zum Üben ausdenken.

Übung 23: *Wie ist die Energie des Gemüses/*
der Früchte? *

Wenn du wieder einmal zum Einkaufen gehst, dann suche das Gemüse nicht mit deinen normalen Sinnen aus, sondern nutze deine Hellsinne, und lass dich von diesen zu deinem Gemüse oder auch den Früchten führen. Lass dich leiten, welche Früchte besonders gut schmecken, zum Beispiel: Ist diese Ananas schon reif? Wie ist ihr Geschmack? Welche Äpfel oder Tomaten sind frisch und halten noch lange?

Zum Schluss noch eine Übung, die nicht sofort überprüfbar ist: Wenn du zum Beispiel gesundheitlich angeschlagen und nicht ganz fit bist, dann lass dich von deinen Hellsinnen zu den Nahrungsmitteln führen und jene auswählen, die dir besonders guttun und dich in deiner Situation unterstützen. Dabei ist es sicher schwer, den Kopf auszuschalten, doch lass dich wirklich leiten, auch wenn dich deine Sinne auf eigenartige Lebensmittel aufmerksam machen.

Übung 24: *Welche Blumen halten lange?* *

Wenn du das nächste Mal zum Blumenkaufen gehst, dann suche sie nicht nur nach ihrem Aussehen aus, sondern nutze bei der Wahl deine Sensitivität! Es gibt nichts Traurigeres, als einen schönen Strauß Blumen zu kaufen, den man schon nach wenigen Tagen wieder wegwerfen muss, weil er bereits verwelkt ist. Frag deine Hellsinne, welche Blumen lang halten werden? Im nächsten Schritt kannst du dich dann leiten lassen, wenn du sie zum Beispiel verschenken möchtest, die Sorte herauszufinden, die die zu beschenkende Person besonders gern mag. Nutze auch hier wieder deine Sensitivität, und lass dir zeigen, welche Blumen die passenden sind. Es kann sein, dass dein Blick sofort zu einem bestimmten Strauß gelenkt wird. Es kann auch sein, dass einige Blumen für dich mehr leuchten oder dass du vor deinem inneren Auge einen Strauß ganz klar siehst. Es kann ganz unterschiedlich sein, wie du die Informationen erhältst. Vertraue einfach darauf, dass sie kommen.

Übung 25: *Energie von Räumen und Orten* *

Auch diese Übung ist ideal, weil wir täglich mehrmals die Gelegenheit dazu haben. Wenn du am Morgen an deinen Arbeitsplatz kommst oder zum Einkaufen gehst oder wenn du einen neuen Raum betrittst, dann nimm dir einen Moment Zeit, um mit deinen Hellsinnen die Dynamik des Raumes oder des Ortes wahrzunehmen. Versuche dabei die Energie nicht zu bewerten, sondern sie einfach neutral zu erfassen. Spannend kann es auch sein, Orte aufzusuchen und zu schauen, ob hier eine *spezielle* Kraft herrscht. Wenn du auf Reisen bist, dann besuche Kirchen, Moscheen, Tempel, alte Gebäude, Höhlen oder spezielle Orte und versuche, sie zu lesen. Schwierig daran ist, den Kopf wirklich auszuschalten und einfach wahrzunehmen, nicht zu denken, zum Beispiel: »Das ist ein altes Haus, da müssen doch spezielle Mächte herrschen.« Nutze vielmehr deine Hellsinne, und fühle, ob der Ort wirklich spezielle Kräfte hat. Wenn du dich an historischen Orten befindest, dann lies deren Energie und versuche, klare Ergebnisse zu erhalten. Vergleiche deine Ergebnisse mit historischen Aufzeichnungen. Wichtig ist dabei, dass du nicht vorher schon über den Ort etwas weißt, da sonst die erhaltenen Informationen nicht mehr neutral sein würden.

Diese Übung kann man zum Beispiel gut gebrauchen, wenn man der Polizei bei der Klärung von Fällen hilft. Dabei ist es enorm wichtig, die Energien von Räumen gut lesen zu können. Eine weitere Übung bietet sich an, wenn du in deiner Nähe von einem Unfall gehört hast. Geh dorthin und lies die Energie! Schreib dir alle Eindrücke genau auf. Was ist passiert? Wem ist was passiert? Warum ist ihm das passiert? Sammle so viele Informationen wie möglich! Vergleiche später dann deine Aufzeichnungen mit den Ermittlungen der Polizei, den Zeitungsberichten und den Zeugenaussagen. Ich persönlich finde es sehr wichtig, erst zur Polizei zu gehen, wenn du ein sicherer sensitiver Berater bist, da die Polizei viel zu tun hat und nicht als unfreiwilliger Übungspartner benutzt werden möchte.

Übung 26: Welches Essen ist gut? **

Diese Übung ist eine meiner Favoriten, da ich gern zum Essen gehe und durch meine Arbeit sehr häufig unterwegs bin. Wir kennen es alle: Was manchmal gut aussieht oder sich toll anhört, entpuppt sich dann als grauenhaft. In der Gastronomie ist nicht jeder Chefkoch wirklich ein gelernter Koch. Es gibt immer mehr Köche, von denen man das Gefühl hat, ihre ganze Ausbildung bestand aus zwei bis drei Wochenendkursen. Damit du nicht mit solchen »Köchen« konfrontiert wirst, kannst du deine Hellsinne einsetzen. Bevor du ein Restaurant oder Speiselokal betrittst, schaue mit deinen Hellsinnen, ob es wirklich ein gutes Lokal ist. Achte auch hier darauf, dass du dich nicht von deinen Augen irritieren lässt. Falls du ein Lokal findest, bei dem dir deine Sensitivität ein gutes Gefühl gibt, dann geh hinein und lass dich von deinen Hellsinnen leiten. Versuche zu spüren, welches Gericht gut ist und welches dir schmecken wird. Wenn du ein Gericht gefunden hast, kannst du dein Hellschmecken trainieren. Stell dir vor, wie du das Gericht isst und koste es schon mit dem Hellschmecken vor! Schmeckt es dir immer noch? Merke dir den Geschmack genau und bestelle es. Du wirst sogleich wissen, wie gut deine Sensitivität schon entwickelt ist. Ich übernehme jedoch keine Garantie gegen eine Lebensmittelvergiftung!

Übung 27: *Das ideale Geschenk* **

Auch diese Situation kennen wir alle: Wir sind eingeladen und möchten gern ein Geschenk mitbringen. Leider wissen wir aber gar nicht, was der Person gefällt oder worüber sie sich freuen würde. Auch hierzu können wir unsere Sensitivität nutzen.

Schwinge dich mit deinen Hellsinnen auf die Person ein, schaue und nehme wahr, was das ideale Geschenk für diese Person sein würde. Die Übung ist gar nicht so leicht! Man kann die Übung auch noch schwieriger gestalten. Der, den du beschenken willst, ist zum Beispiel ein Sammler, und du möchtest ihm ein neues Sammelobjekt schenken, weißt aber nicht genau, welches Sammelobjekt ihm noch fehlt? Nutze deine Hellsinne, und du wirst es herausfinden! Falls es dich interessiert: Ich sammle zum Beispiel Ferraris! Also falls du mir ein Geschenk machen möchtest …

Übung 28: Wie war dein Tag? **

Auch diese Situation kennen wir alle: Wir kommen am Abend nach Hause oder treffen unseren Partner und stellen meistens die gleiche Frage: Wie war dein Tag heute? Ab heute jedoch machen wir es anders: Schwinge dich auf deinen Partner ein und lass dir von deinen Hellsinnen zeigen, was dein Partner erlebt hat und wie sein Tag war. Schreibe dir alles genau auf, und löse deine Ergebnisse dann mit deinem Partner auf. Diese Übung hat noch einen weiteren Vorteil: Man ist wieder ganz stark an Details dessen interessiert, was der Partner erlebt hat. Dies bringt zusätzlichen spannenden Gesprächsstoff in eine Beziehung. Du kannst hier auch sehr stark ins Detail gehen, zum Beispiel, wenn dein Partner einen neuen Arbeitskollegen hat. Nimm wahr, wie dieser aussieht, welche Hobbys er hat, welchen Typ von Charakter er hat usw. Dein Partner wird alle deine Ergebnisse mit der Zeit selbst herausfinden und deine Erkenntnisse auflösen. Zu dieser Übung gibt es zahlreiche Varianten.

Übung 29: *Wie viel Geld habe ich noch?* * (***)

Du bist unterwegs und weißt nicht, ob dein Geld für diesen oder jenen Einkauf noch reicht. Du hast aber beide Hände voll und kannst nicht in deiner Geldbörse nachsehen. Nutze deine Hellsinne, und zähle nach. Am Anfang reicht es, wenn du einfach erspürst, ob das Geld reicht oder nicht. Später solltest du es soweit schaffen, dass deine Wahrnehmung auf den Cent genau mit der Realität übereinstimmt. Auch hier hast du immer sofort eine klare Antwort, denn sobald du einen Betrag mit deinen Hellsinnen wahrgenommen hast, kannst du das Geld nachzählen. Diese Übung ist sehr schwer. Wenn du beruflich viel mit Geld oder mit Zahlen zu tun hast, dann kann es sehr gut sein, dass dir diese Übung leicht fällt.

Übung 30: *Was kostet das?* ***

Auch zu dieser Übung gibt es mehrere Variationen. Du möchtest dir etwas Bestimmtes kaufen, hast aber keine Ahnung, was es kosten wird. Versuche, den Preis mit deinen Hellsinnen zu erfühlen. Hier kannst du einen Zirkapreis bestimmen, also zum Beispiel: Es wird zwischen 15 und 20 Franken kosten. Du kannst den Preis aber auch auf den Cent genau bestimmen. Eine Variante könnte sein: Jemand hat etwas gekauft, und du sagst mit deinen Hellsinnen, wie viel er für den Gegenstand ausgegeben hat. Falls dir dies gut gelungen ist und du noch Lust hast, die Übung auszubauen und fortzusetzen, dann sage auch noch, wo der Betreffende den Gegenstand gekauft hat, wie das Geschäft und wie der Verkäufer aussahen und ob der Verkäufer freundlich war oder nicht, wie er bedient hat etc. Dies ist alles möglich, allerdings nicht schon am ersten Tag. Lass dir dazu Zeit!

Übung 31: *Vermisste Personen finden* ***

Diese Übung ist sicher eine der schwierigeren in diesem Buch, und ich empfehle dir, zuerst andere Übungen zu machen und erst, wenn du die anderen beherrschst, dich im Auffinden vermisster Personen zu üben. Wichtig ist dabei, vermisste Personen nur dann aufzuspüren, wenn du um Hilfe gebeten wurdest. Spiele auf keinen Fall selbst den Detektiv und gib nur Informationen weiter, wenn du dir darüber sicher bist. Meistens ist die Familie, die eine Person als vermisst gemeldet hat, in einer emotional sehr angespannten Lage, und da ist es wichtig, äußerst gefühlvoll mit einer solchen Situation umzugehen. Daher sind die Vorübungen dazu sehr wichtig, zum Beispiel, dass du die Wohnung gut beschreiben kannst. Verlange für diese Übung von deinem Auftraggeber eine Beschreibung, in welchem Umfeld sich die Person zuletzt befand. Also in welchem Land, in welcher Stadt oder welchem Dorf sie sich befand. Je genauer die Beschreibung ist, desto besser wirst du arbeiten können. Wenn du in einem ganzen Land suchen musst, ist dies äußerst schwierig, da das Auffinden von Personen so schon schwierig genug ist. Versuche, so viele Informationen wie möglich über die Geschehnisse zu bekommen. Stimme dich dann auf die vermisste Person ein und versuche, mit deinen Hellsinnen etwas zu empfangen. Schreibe alles auf, alle Bilder, deine Gefühle und was sonst noch in dir hochkommt. Dabei ist es äußerst schwierig, den Kopf ganz abzuschalten. Versuche auch wahrzunehmen, ob die Person noch lebt oder nicht. Das ist meistens für das weitere Vorgehen ein sehr wichtiger Punkt. Du solltest dabei wieder einzeln trainieren. Es hört sich in diesem Zusammenhang vielleicht etwas makaber an, doch anders lässt es sich nicht trainieren. Wenn im Fernsehen von vermissten Personen berichtet wird oder es im Radio oder in Zeitungen einen Aufruf gibt, versuche zunächst wahrzunehmen, ob die Person noch lebt oder nicht. Meist kommt einige Tage später bereits im Fernsehen die Antwort, weil man die betreffende Person gefunden hat – und dann weißt du ohnedies, ob du mit deiner Wahrnehmung richtig lagst oder nicht. Um den Ort zu finden, an dem die Person ist, gibt es eine Möglichkeit, die sich dafür sehr gut eignet. Nimm eine Landkarte, am besten mit dem Ort, an dem die Person vermutet wird. Wenn du am Anfang nur ein Land hast, nimm eine Karte, auf der das ganze Land abgebildet ist. Fahre nun mit deiner Hand etwa zwei Zentimeter über der Karte hin und her und suche auf diese Weise das ganze Land ab. Vielleicht wirst du an einer bestimmten Stelle ein Kribbeln oder ein Ziehen spüren, das sich ganz anders anfühlt als an anderen Stellen auf der Karte. Markiere diesen Punkt, dreh die Karte und mache das Gleiche noch einmal mit geschlossenen Augen. Achte dabei darauf, ob dir die gleiche Stelle erneut angezeigt wird. Wenn ja, dann nimm eine Karte dieses Dorfes, der Stadt oder des Gebiets, die dir gezeigt wird, und mache dasselbe noch so lange, bis du die vermisste Person auf einen genauen Punkt von wenigen Kilometern oder gar wenigen Metern einkreisen kannst. Vergleiche den Ort mit den Bildern, die du anfangs empfangen hast. Vielleicht hast du dort ein Haus oder etwas anderes Auffälliges gesehen und erkennst dies an dem Ort wieder, und falls nicht, dann stimme dich an dem Ort wieder ein, und lass dich von deinen Hellsinnen führen! Diese Übung ist mit der Übung 22: Wo finde ich etwas? verwandt. Wenn du alles richtig gemacht hast, wirst du die vermisste Person finden. Auch hier muss man je nach den Umständen des Falles die Übung an die jeweilige Ausgangslage anpassen und manchmal auch ein wenig erfinderisch sein. Sei aber nicht enttäuscht, wenn du nur Teilerfolge hast. Bedenke, dass auch Kleinigkeiten manchmal helfen können, einen Fall zu lösen.

Das waren nun einige Übungen, die du allein durchführen kannst oder zu denen du keinen aktiven Partner brauchst, um sie durchzuführen. Alle diese Übungen können übrigens nur Anregungen sein. Du kannst sie beliebig verändern oder neue hinzufügen. Ich wollte damit ganz bewusst an einfachen alltäglichen Situationen zeigen, dass wir eigentlich ständig üben können, wenn wir dies nur wirklich wollen.

Viele Schüler sagen, ihnen fehle die Zeit zum Üben, oder sie hätten niemand, mit dem sie üben könnten. Deswegen habe ich einige Übungen entwickelt, für die wir niemand aktiv brauchen und die wir ohne großen Aufwand allein durchführen können. Ich bin überzeugt, dass dir, während du diese Übungen liest, auch noch weitere Übungen eingefallen sind. Übe, wann immer du kannst, und vergiss nie die Freude daran. Denk immer daran, dass jeder Misserfolg ein Erfolg ist! Er zeigt dir nur, wie es nicht funktioniert! Jetzt musst du nur noch den Weg finden, wie es funktionieren kann.

Übungsteil 2

Einführung

Im folgenden Abschnitt stelle ich vor allem *Übungen mit einem Partner* vor. Im ersten Teil, falls es sich um eine Übung mit einer Person handelte, musste die Person nicht wissen, dass wir unsere Sensitivität entwickeln wollen. In diesem Teil dagegen ist es von Vorteil und unbedingt zu empfehlen, dass der Partner dies weiß. Diese Übungen kann man auch im Zirkel oder während einer sensitiven Ausbildung durchführen oder auch mit Zirkel-Teilnehmern üben. Lies vielleicht vor den Übungen noch einmal den Abschnitt über die Aura durch (Exkurs Auralesen, Seite 62 ff.), damit du dir ein genaueres Bild von ihr machen kannst und weißt, was sie wirklich ist. Ich wünsche dir viel Spaß beim Üben.

Die Aura objektiv hellsichtig sehen

Viele Menschen möchten gern die Aura sehen können, am liebsten sogar objektiv. Ich versuche nun zu zeigen, wie man lernen kann, die eigene Aura zu sehen und auch die Aura von Mitmenschen. Ich bitte zu beachten, dass es je nach Talent Stunden oder gar Monate dauern kann, bis man Teile oder die ganze Aura sehen kann. Bis man dagegen alle Farben und Aspekte einer Aura sehen kann, dauert es meist Monate oder Jahre. Ich sage dies hier ganz bewusst, damit dir klar ist, dass es viel Zeit in Anspruch nehmen kann, die Aura sehen zu lernen. Die Aura gehört zum Faszinierendsten, was es gibt, und es ist unheimlich schön, sie zu sehen. Wir beginnen hier mit ganz einfachen Übungen, die du auch allein machen kannst.

Die Aura objektiv hellsichtig wahrnehmen lernen

Wie ich anfangs schon ausgeführt habe, gibt es das subjektive (innere) Hellsehen und das objektive (äußere) Hellsehen. Darauf und auf das objektive Hellsehen werde ich mit den nächsten Übungen eingehen. Solltest du, nachdem du die Übungen über einen längeren Zeitraum gemacht hast, objektiv hellsichtig nichts wahrnehmen, dann führe die Übungen einfach mit geschlossenen Augen durch und versuche zu spüren, ob du die Aura subjektiv hellsichtig wahrnehmen kannst. Die meisten Menschen können bis zu einem gewissen Grad die Auren objektiv hellsichtig wahrnehmen lernen. Man braucht einfach ein bisschen Geduld dazu.

Übung 32: Die Aura sehen***
Mit dieser Übung werde ich zeigen, wie es möglich ist, die Aura objektiv hellsichtig wahrzunehmen.

Dazu ist allerdings ein bisschen Zeit und Geduld vonnöten. Oft stellen sich schon nach wenigen Minuten die ersten Erfolge ein. Bis man jedoch alle Farben oder die Aura mit all ihren Schichten und Facetten sieht, kann es Monate oder gar Jahre dauern. Doch der Übungsaufwand lohnt sich!
Für diese Übung brauchst du einen Partner, der damit einverstanden ist, dass du dir seine Aura betrachtest.

– Bitte den Partner, der die Rolle des Klienten spielt, er möge sich vor eine einfarbige Wand stellen, etwa drei bis sechs Meter von dir entfernt. Spiele auch ein bisschen mit der Distanz.

– Mach die Übung mit unterschiedlichen Distanzen. Bald wirst du vielleicht die ideale Distanz des Klienten zu dir herausfinden. Ein weißer oder schwarzer Hintergrund ist dafür am besten geeignet.

– Nun richte deinen Blick auf sein drittes Auge oder auf seine Nasenspitze.

– Lass deinen Blick jetzt weich werden, sodass du nur noch das dritte Auge oder die Nasenspitze scharf siehst. Der Blick gleicht dem Tag-Traum-Blick.

– Lass die Umgebung deines Klienten verschwimmen. Versuche, den Blick ruhig zu halten und so wenig wie möglich zu blinzeln.

Schon nach wenigen Augenblicken kannst du die ätherische Aura deines Klienten sehen. Meistens sieht man etwa fünf Zentimeter um den physischen Körper herum eine helle Umrandung. Erst nach einiger Zeit kann man dann Farben erkennen. Meist sieht man dann zuerst die Farbe Gelb, und so kommen mit jeder Übung weitere Farben hinzu. Wie bereits gesagt, kann es aber Jahre dauern, bis man objektiv hellsichtig alle Farben wahrnehmen kann.

Tipps
Sollte es mit dem Sehen der Aura nicht klappen, dann versuche folgende Übung: Lass deine Augen offen, aber halte deine Augen mit deinen Händen zu. Mach dies etwa fünf bis zehn Minuten, nimm dann die Hände weg und lass deinen Blick sofort weich werden.
Ein weicher Blick, der uns alles verschwimmen lässt, außer das dritte Auge oder die Nasenspitze, ist am Anfang äußerst wichtig.
Auch das Experimentieren mit der Helligkeit des Lichtes kann dir helfen. Anfangs kann es sein, dass du bei leicht schummrigem Licht die Aura besser sehen kannst. Zum Beispiel kann ich heute das Sehen der Aura ganz gut ein- und ausschalten, wenn ich aber sehr müde bin, kann es sein, dass sich meine Aurasicht von ganz allein einstellt, weil meine Augen auf diese Weise schneller entspannen können. Anfangs ist es sehr schwer, die Aura zu sehen, wenn sich eine Person bewegt. Das ist aber ganz normal. Wenn du damit beginnst, solltest du den Blick auf die Nasenspitze fixieren, weil es sein kann, dass du

plötzlich die Aura um den Kopf siehst und du dann bewusst hinschauen möchtest, und da ist aber die Aura schon wieder weg, weil du den weichen Blick verloren hast. Aber auch das ist völlig normal, und mit der Zeit weißt du, wie du ganz normal und ohne zu starren Auren sehen kannst. Nach einiger Zeit wird das Sehen der Aura so normal wie Fernsehen.

Übung 33: Aura sehen lernen*

Ich möchte hier noch einige Übungen anfügen, mit denen du das Aurasehen lernen kannst. Zum Teil sind es Übungen, die man ohne Partner durchführen kann. Meine Lieblingsübung ist dabei folgende, mit der man die Aura der Hand studieren und sehen lernen kann. Ein Vorteil dieser Übung ist es, dass die Hand immer zur Verfügung steht und du somit überall üben kannst. Und du brauchst keinen Partner für die Übung.

Fixiere mit deinem Blick den mittleren Finger, schau ihn scharf an und lass den Rest des Blickes weich werden. Auch hier kannst du nach kurzer Zeit die ätherische Schicht der Aura sehen, mit der Zeit dann auch die Farben und vielleicht kannst du sogar sehen, wie sich die Aura bewegt. Hier kannst du auch mit unterschiedlichen Abständen gut üben: Halte deine Hand zunächst relativ nah an die Augen und dann so weit wie möglich weg. Achte darauf, dass du immer einen neutralen Hintergrund hast. Eine weitere Variante der Übung ist eine meiner Lieblingsübungen, mit der du durch die Kraft der Gedanken heilende

Energiekugeln in den Händen entstehen lassen und versuchen kannst, sie hellsichtig wahrzunehmen. Forme deine Hände auf Augenhöhe zu einer Schale und stelle dir geistig vor, dass sich dort eine Lichtkugel bildet. Nun versuche zu fühlen, wie die Energie aus deinen Händen fließt und wie kurz danach die Kugel hellsichtig klar zu erkennen ist. Später kannst du die Kugeln in verschiedenen Farben entstehen lassen. Du wirst sehen, dass es sich dabei wirklich um eine sehr spannende und faszinierende Übung handelt, weil sie uns zeigt, dass wir im Grunde die Kraft unserer Gedanken manifestieren können.

Zum Üben des weichen Blicks eignen sich folgende Bilder, sogenannte Stereogramme. Du kennst diese speziellen Bilder bestimmt. Wenn man sie einfach nur so betrachtet, dann sieht man nichts. Schaut man sie aber mit dem weichen Blick an oder mit der sogenannten Schieltechnik, dann entsteht ein dreidimensionales Bild. Diese Bilder eignen sich hervorragend dazu, den weichen Blick für das Sehen der Aura zu trainieren. Wenn ich keinen Partner zur Verfügung hatte, machte ich diese Übung gern, um das Sehen der Aura zu lernen. Wenn ich mit öffentlichen Verkehrsmitteln unterwegs bin und mir jemand gegenüber sitzt, dann tue ich so, als würde ich lesen. In Wirklichkeit aber studiere ich über den Buchrand hinaus die Aura des Fahrgastes mir gegenüber, natürlich lediglich an seinen Füßen, sonst würde es ihm ja auffallen. Bei dieser Übung interpretiere ich nie die Farben, es geht mir lediglich darum, meine

Aurasichtigkeit zu verbessern und nicht, um in fremdem Leben herumzuschnüffeln.

Übung 34: *Die Aura im Spiegel* ***

Diese Übung ist für den Anfang nicht ganz leicht, und leider ist sie auch nicht für jeden geeignet, jedenfalls nicht objektiv hellsichtig. Bedenke jedoch immer, dass du alle Übungen auch subjektiv hellsichtig durchführen kannst oder dass du deine anderen Hellsinne benutzen kannst, zum Beispiel das Hellfühlen. Und dann ist diese Übung auch für jeden geeignet. Ich habe schon früh bemerkt, dass ich meine Aura auch objektiv hellsichtig über den Spiegel sehen kann. Jeden Morgen, wenn ich vor dem Spiegel stand, habe ich ein paar Minuten geübt. Auch hier habe ich den Fokus auf mein drittes Auge gerichtet und alles um mich herum verschwimmen lassen. Schon sehr bald konnte ich meine ätherische Aura und kurz darauf auch die Farben sehen. Auf diese Weise konnte ich jeden Tag überprüfen, wie es mir gerade geht. Die eigene Aura zu sehen ist zwar äußerst spannend, aber es ist auch wesentlich schwieriger, sie zu interpretieren, jedenfalls weit schwieriger als die Aura von anderen Menschen zu sehen und zu interpretieren, da wir, wenn es um uns selbst geht, weit weniger objektiv sind. Diese Übung wird auch das Sehen der Aura von Mitmenschen erheblich verbessern. Sollte es dir nicht gelingen, dann versuche einfach, die Farben deiner Aura über deine Hellfühligkeit subjektiv wahrzunehmen.

Übung 35: *Die Aura hellfühlig wahrnehmen* *

Auch zu dieser Übung gibt es verschiedene Varianten. Die erste ist sehr schön, weil du dafür einen Partner brauchst. Strecke deine Hände geradeaus, und halte die Handflächen zueinander. Lass einen Abstand von etwa 10 bis 15 Zentimeter zwischen den Händen entstehen. Nun wippe mit den Händen leicht hin und her und verringere dabei den Abstand und vergrößere ihn wieder. Du wirst sehr schnell einen leichten Druck zwischen deinen Händen empfinden. Es wird sich anfühlen, als würdest du leicht auf ein Kissen drücken, obwohl sich zwischen deinen Händen nichts befindet, außer der Aura natürlich. Manchmal fühlt es sich auch an, als würde man zwei Magnete mit der gleichen Ladung aneinanderhalten. Dieses Gefühl kennen wir alle. Es ist, als würden die Magnete sich gegenseitig abstoßen. Es kann gut sein, dass wir bei dieser Übung die Aura ähnlich wahrnehmen. Es kann auch sein, dass du in den Händen ein starkes Kribbeln fühlst oder dass du eine andere Wahrnehmung hast. Nun vergrößere den Abstand zwischen deinen Händen immer mehr.

Für den nächsten Schritt dieser Übung brauchst du einen Partner. Er sollte sich vor dich hinstellen. Nun fährst du in einem Abstand von etwa 10 bis 15 Zentimetern von seinem Leib in seiner Aura auf und ab. Fühlst du seine Aura? Schau dir auch den Unterschied der Aura am Kopf und der Aura an den Füßen an! Gibt es Unterschiede? Sieht die Aura links anders aus als rechts? Wie weit sind deine Hände weg, fühlst du die Aura immer noch? Spiele mit der Distanz. Fühlst du warme und kalte Stellen? Gibt es Stellen, an denen deine Hände zu kribbeln beginnen? Wenn ja, frage den Klienten, ob er an der Stelle etwas Bestimmtes hat. Mache diese Übung mit verschiedenen Partnern. Fühlst du Unterschiede zwischen den Partnern? Welche Unterschiede sind es?

Wenngleich diese Übung relativ leicht ist, kann man dennoch unglaublich viel über den Klienten erfahren, wenn man sie immer wieder macht. Mit dieser Technik kann man zum Beispiel Blockaden, Krankheiten und sogar alte Verletzungen aufspüren. Deswegen ist es immer wieder wichtig, wenn du etwas spürst, wie zum Beispiel Hitze, dass du den Partner fragst, ob er an der betreffenden Stelle etwas hat. Wenn ich Hitze wahrnehme, weiß ich, dass an der Stelle im Körper eine Entzündung sein muss oder ein Schmerz, der von einer Entzündung kommt. Achtung! Sei vorsichtig mit Diagnosen über den Gesundheitszustand! Denk daran, du bist kein Arzt! In den meisten Ländern dürfen nur Schulmediziner Diagnosen stellen. Für Laien ist dies verboten. Und das ist auch gut so! Stelle niemals Diagnosen in deiner Praxis! Doch finde ich das Üben mit Partnern, die offen für diese Bereiche sind und denen es nichts ausmacht, in Ordnung. Du solltest ihnen aber immer sagen, dass du beim Üben bist und du daher auch klar Fehler machen kannst. Bedenke jedoch vor allem ei-

nes: Nicht immer, wenn wir in der Aura etwas wahrnehmen, heißt dies gleich, dass es sich im Körper
manifestieren muss. Es kann sehr gut sein, dass du
etwas aufspürst, was nur im Moment aktiv ist. Führ
dir dies immer klar vor Augen! Wenn du dich darin
sehr sicher fühlst, ist es ein gewaltiges Hilfsmittel.
Ich habe früher sehr oft geholfen, mit den Hellsinnen
Krankheiten zu finden, aber immer nur zusammen
mit einem Schulmediziner. Leider praktiziert dieser
Arzt aufgrund seines Alters nicht mehr. Deswegen
habe ich darin auch keine Übung mehr. Ein Fall aber,
den ich damals hatte, ist mir noch gut in Erinnerung:
Es ging um eine Frau, die operiert wurde und der es
plötzlich immer schlechter ging. Im Krankenhaus
konnte man die Ursache dafür nicht finden. Die
Werte wurden immer schlechter. Da suchte die Familie den Hausarzt auf und bat ihn in der Not um
Hilfe. Dieser Arzt war nun zum Glück jener, mit dem
ich schon länger zusammenarbeitete. Er rief mich an
und nannte den Namen der Frau. Ich stimmte mich
auf die Patientin ein, und plötzlich hatte ich das Gefühl, als würde ich vergiftet werden, was ich auch
dem Arzt sogleich sagte. Da erwiderte er: »Ja, sie
zeigt Vergiftungserscheinungen. Doch uns ist völlig
unklar, woher sie kommen. Wir können uns dies
nicht erklären.« Ich sagte: »Etwas stimmt nicht mit
der Thymusdrüse, von ihr kommt die Vergiftung. Es
hat mit einem Medikament zu tun!« Ich hörte nur
noch ein kurzes Danke, dann ein Knacken in der Lei-
tung! Mehr nicht! Zwei Tage später rief mich der

Arzt an und sagte: »Der Frau geht es wieder gut. Vielen Dank! Du hattest recht. Man hatte ihr ein neues Medikament gegeben, das diese Vergiftungserscheinungen auslöste. Warum, wissen wir nicht. Doch wurde ihr die Thymusdrüse entfernt und obwohl dies nicht sinnvoll ist, könnten die Beschwerden damit zusammengehängt haben.«

Nicht jeder Fall, den ich hatte, war so klar. Und ich konnte auch nicht immer neue Erkenntnisse gewinnen. Doch ab und zu konnte ich helfen, Anstöße für eine neue Sichtweise zu geben.

Übung 36: Verschiedene Aura-Schichten fühlen **

Auch hier brauchst du einen Klienten zum Üben. Am besten setzt er sich auf einen Stuhl. Versuche nun, die verschiedenen Schichten, die ich oben beschrieben habe, mit deiner Hellfühligkeit zu fühlen. Beginne nah am Körper und geh mit der Hand immer weiter vom Körper weg. Versuche, die Übergänge zu fühlen, auch wenn sie fließend sind. Du wirst merken, dass es Schichten gibt, die leichter zu fühlen sind als andere. Bei einigen fühlt man fast nichts, andere fühlen sich vielleicht klebrig an, wieder andere, als seien sie durcheinandergeraten oder gar, als seien sie leicht elektrisch geladen. Vielleicht kannst du auch nur zwei bis drei Schichten klar fühlen. Dies ist nicht so wichtig. Mit der Zeit wirst du jedoch die Schichten immer klarer und differenzierter wahrnehmen können. Falls deine objektive Hellsichtigkeit bereits gut ausgebildet ist, dann benutze beide

Hellsinne, um die Schichten zu erfahren. Meistens ist jedoch das Hellfühlen einfacher als das Hellsehen der Schichten.

Übung 37: *Verschiedene Formen einer Aura* **
Allein an der Form der Aura kann man bereits sehr viel erkennen. Natürlich gibt es auch dabei viele unterschiedliche Formen. Ich möchte hier die sechs häufigsten vorstellen. Sie können dir zeigen, in welcher Stimmung dein Klient oder dein Gegenüber ist.

Nimm bei dieser Übung die Form der Aura deines Übungsklienten sensitiv wahr und versuche, sie zu interpretieren. Falls du Formen feststellst, die nicht zu den sechs häufigsten gehören, dann merk dir diese und schaue die Aura des Klienten noch einmal detaillierter an. Eventuell findest du dabei heraus, was diese Form bedeutet.

Die sechs häufigsten Auraformen

Die ausgeglichene Aura
Diese Aura hat eine relativ gleichmäßige Eiform (S. 138 oben). Dieser Mensch ist in seiner Mitte ausgeglichen. Am breitesten ist die Aura in Höhe des Herzens, da sich die Energie bei diesen Menschen im Herzzentrum sammelt. Ein Mensch mit dieser Aura ist mit sich selbst zufrieden, er ist vital und kraftvoll, wirkt positiv und sympathisch auf seine Mitmenschen und ist liebevoll.

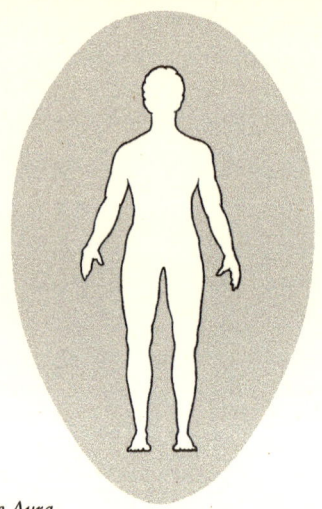

Die ausgeglichene Aura

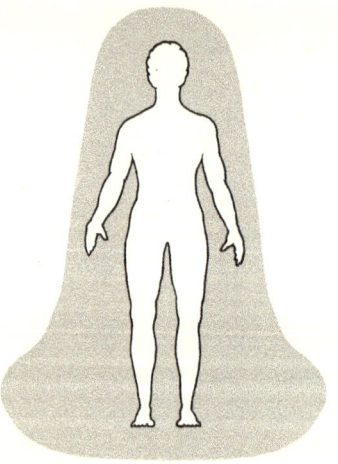

Die bodenständige Aura

138

Die bodenständige Aura

Man hört immer wieder die Aussage, ein Mensch sei nicht geerdet oder dass die Erdung wichtig sei. Ein Mensch mit einer sehr guten Erdung hat meistens auch eine sehr bodenständige Aura. Sie ist unten bei den Füßen am breitesten und nimmt die Form eines Tropfens an (S. 138 unten). Menschen mit einer solchen Aura stehen meistens mit beiden Beinen auf dem Boden, sie sind kraftvoll, stabil und selbstbewusst. Oft sind es Menschen, die die Natur und das Natürliche lieben, die das Leben genießen können und körperlich sehr aktiv sind.

Die denkende Aura

Diese Aura hat die Form eines Pilzes. Sie ist oben am Kopf am breitesten (S. 140). Wenn jemand in einem aktiven Denkprozess ist, nimmt die Aura diese Form an. Meist zeigt sich sehr viel Gelb um den Kopf herum. Ich kann zum Beispiel daran erkennen, ob jemand mitdenkt oder nur so tut, als würde er mir zuhören oder mitdenken. Es gibt Menschen, bei denen die Aura fast immer eine Pilzform zeigt. Das sind Kopfmenschen, die alles mit dem Kopf verstehen möchten. Auch Menschen, die schnell mit Verwirrtheit, depressiver Stimmung, kalten Füßen reagieren und sich leicht ablenken lassen. Bei Menschen, die vorwiegend mit dem Kopf arbeiten, zum Beispiel Studenten, ist es in Ordnung, wenn die Aura eine leichte Pilzform hat. Doch wenn jemand ständig diese Form hat, kann er leicht aus dem Gleichgewicht kommen. Er sollte sich

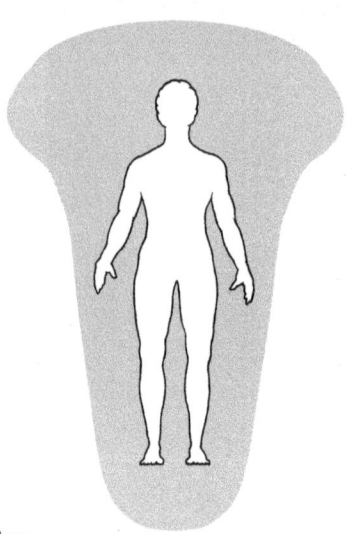

Die denkende Aura

Tätigkeiten suchen, die ihm Boden unter den Füssen geben, weil eben die Erdung fehlt. Als sensitiver Berater ist es wichtig, mit beiden Füßen auf dem Boden zu stehen. Eine Pilzform ist dafür nicht ideal.

Die aggressive Aura

Diese Form sieht sehr unregelmäßig aus (S. 141). Sie weist viele Zacken auf und ist asymmetrisch. Meist zeigt sich sehr viel Rot in der Aura. Wenn man einer solchen Person mit dieser Aura zu nahe kommt, kann man die Energie, die Spannung förmlich greifen. Ist die Ausdehnung einer solchen Aura groß, ist es ein Hinweis auf Aggression. Dabei ist die Aggression nicht auf eine bestimmte Person gerichtet, sondern sie ist eher allgemein zu verstehen.

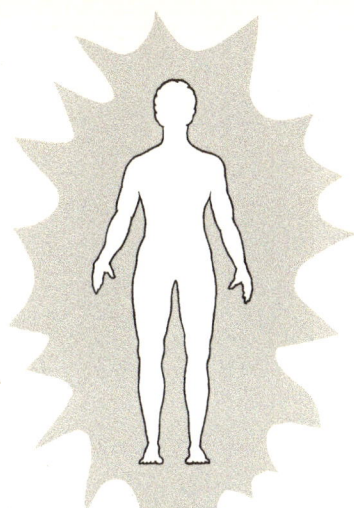

Die aggressive Aura

Die ängstliche Aura
Ist die Aura sehr klein, hat man das Gefühl, dass sich die Aura gegen den Körper zusammenzieht (S. 142 oben). Dann hat man es nicht mit einer aggressiven Person zu tun, sondern mit einer ängstlichen. Auch hier ist die Aura sehr unregelmäßig.

Die gerichtete Aura
Zu dieser Aura, (S. 142 unten) gibt es auch unterschiedliche Interpretationen. Im Grunde ist die Aura auch nicht ganz regelmäßig. Sie hat eine starke Ausbuchtung, die zu einer bestimmten anwesenden Person fließt. Die Energie ist dann auf diese Person gerichtet. Dies kann positiv sein, wenn man jemand sympathisch oder interessant findet. Die Aura zeigt

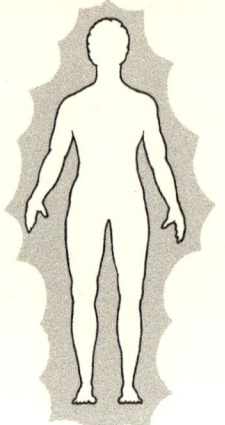

Die ängstliche Aura

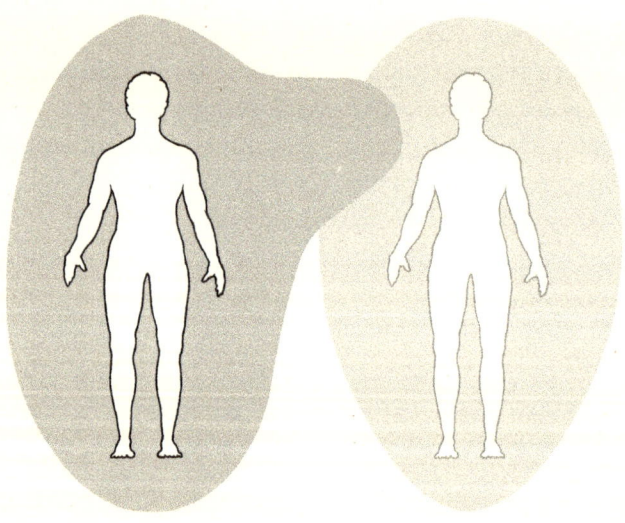

Die gerichtete Aura

sich, wenn man jemand manipulieren, überzeugen oder unterdrücken möchte, oder wenn die Aggression oder die Wut auf eine bestimmte Person gerichtet ist.

Übung 38: *Mit den Hellsinnen die Aura malen* **

Für diese Übung brauchst du Buntstifte oder etwas, womit du gut und farbig malen kannst. Falls Zeichnen und Malen zu deinen Talenten gehört, kannst du vielleicht auch in Zukunft Aurabilder oder Seelenbilder für deine Klienten anfertigen. Zu dieser Übung gibt es zwei Varianten. Erste Variante: Wenn du die Aura objektiv hellsichtig gut sehen kannst, dann zeichne die Aura deines Klienten farbig auf ein Blatt Papier. Zeichne vorher ein Strichmännchen mit einem großzügigen Kreis um das Männchen, der die Grenzen der Aura repräsentieren soll. Zeichne jetzt um das Strichmännchen die Aura deines Klienten. Falls du die Aura noch nicht klar objektiv hellsichtig sehen oder noch gar nicht sehen kannst, dann schlage ich die folgende Variante vor: Benutze die anderen Hellsinne, um die Farben der Aura deines Klienten wahrzunehmen. Beides ist gleich effektiv. Beim objektiven Sehen ist es für den sensitiven Berater, gerade wenn er noch am Anfang ist, einfacher, da er die Aura klar sieht und sich sicher ist, dass er sich dies nicht einbildet. Auch wenn man die Aura nicht objektiv sehen kann, kann man dennoch Aurabilder oder sogar Seelenbilder malen. Setz dich dazu wieder vor den Klienten hin und betrachte die Farben vor dir. Lass dich zu einer Farbe führen, nimm diese

Farbe auf und lass dich auf deinem Blatt mit dem Strichmännchen im Kreis an einen Ort führen, an dem du das Gefühl hast, dass dort Blau vorkommt. Beginne auf diese Weise Stück für Stück die Aura zu zeichnen. Lass dich dann zur nächsten Farbe führen und an den nächsten Ort.

Ich kenne viele sensitive Berater, die ausgezeichnete Aura-Reader sind und die die Aura nicht objektiv hellsichtig wahrnehmen können. Es kann auch sein, dass du, während du dich führen lässt, plötzlich Zahlen bekommst oder Namen oder Symbole siehst. Zeichne alles auf dein Aurablatt, vorausgesetzt, du hast dein persönliches Farblexikon, das ich im nächsten Kapitel vorstellen möchte, schon erstellt. Du kannst natürlich auch die Aura noch interpretieren, zum Beispiel, was die Farben bedeuten, und dadurch klare Aussagen über den Zustand deines Klienten machen.

Übung 39: Ein Seelenbild zeichnen **

Diese Übung ist für alle Kreativen unter uns und die, die gut malen und zeichnen können, sehr gut geeignet, aber auch für jene, die das Malen noch lernen möchten. Bei dieser Übung benutzen wir alle Hellsinne. Wir suchen uns eine Person, die sich für die Übung zur Verfügung stellt, und nehmen ein Blatt Papier zur Hand. Nimm dir für diese Übung ein paar Minuten Zeit und verbinde dich mit der Person. Bitte sie darum, ihre Seele auf dem Blatt Papier wiedergeben zu dürfen. Lass dich wieder zu den Farben und Orten auf dem Blatt führen, und beginne zu zeichnen. Auf deinem Blatt werden bald wunderbare Kunstwerke entstehen. Es können einfach nur Farben sein, es können aber auch ganze Landschaften und Symbole entstehen. Letztlich kann dabei alles entstehen, was es gibt. Meist haben diese Bilder eine unglaublich positive Ausstrahlung. Sobald du das Bild fertig gemalt hast, kannst du versuchen, es zu interpretieren. Was bedeuten die Farben, die Symbole und die Formen, die du für den Klienten gezeichnet hast? Achte darauf, dass dein Klient auf alles, was du ihn fragst, mit Ja oder Nein antworten kann. Stelle keine Zukunftsprognosen und mache keine verschwommenen Aussagen, die man nicht überprüfen kann. Es wäre für die Übung nicht hilfreich. Je klarer deine Aussagen sind, desto besser kannst du feststellen, wie sicher du als sensitiver Berater bereits bist.

Die Bedeutung der Aurafarbe und ihre Interpretation

Es gibt verschiedene Möglichkeiten, eine Aura zu interpretieren. Die wohl häufigste ist die Interpretation anhand der Farben. Doch gibt es auch dabei viele Varianten. Es gibt Sensitive, die jeder Farbe eine eigene, genaue Bedeutung zusprechen. Zum Beispiel bedeutet Blau Ruhe, Ausgeglichenheit, Meditation und Harmonie. Dies erinnert mich persönlich ein wenig an Horoskope in der Zeitung. Ich rate jedem

Schüler, sich ein eigenes Farblexikon zu erstellen und nicht das von einem anderen sensitiven Berater zu übernehmen. Denn im Grunde lösen bei uns die Farben meist ähnliche, aber nicht immer dieselben Interpretationen aus. So kann einer mit Rot Wut und Hass verbinden, ein anderer aber Liebe und Lust! Beides stimmt, und doch ist der Unterschied gravierend. Somit müssen wir auch auf die einzelnen Farbnuancen achten und bedenken, dass jeder Mensch Farben anders, eben individuell wahrnimmt. Darüber hinaus muss man bei der Interpretation beachten, dass es in der Aura nicht nur eine Farbe gibt, sondern dass sie bis zu 1000 verschiedene Farben haben und man diese auch sehen kann, je nachdem, wie stark die Hellsichtigkeit ausgeprägt ist. Somit müssen wir bei der Interpretation auch berücksichtigen, welche Farbkombinationen sich in der Aura befinden. So hat das Blau, das von Gelb umgeben ist, eine ganz andere Bedeutung als das Blau, das von Rot umgeben ist. Ich empfehle, keine Farbbedeutungen auswendig zu lernen, sondern für sich ein eigenes inneres Wörterbuch zu entwickeln. Warum ich dies empfehle, ist ganz einfach: Wenn ich hier die Bedeutung der Farben darstellen wollte, stünden dir nur diese wenigen Deutungen für deine Arbeit zur Verfügung, und du würdest damit sehr schnell an deine Grenzen stoßen. Selbst wenn ich hier mein ganzes Wissen niederschreiben würde, hättest du nur das Wissen, das ich jetzt in diesem Moment des Schreibens habe, für deine Arbeit zur

Verfügung. Mit jeder Sitzung wächst aber mein Wissen über die Interpretation der Aurafarben, da ich ein eigenes Wörterbuch habe und mit jeder Aura immer mehr dazulerne. Ich bin sehr froh, dass ich Farben nie auswendig gelernt habe, auch wenn dies vielleicht am Anfang einfach ist. Doch damit würde ich nur die Klienten auf auswendig gelernte Pauschalaussagen beschränken. Ich hoffe sehr, dass auch du dir die Mühe machst, ein eigenes Wörterbuch zu entwickeln, mit dem du unabhängig wirst und alle Farben deuten kannst, die dir in deiner Arbeit begegnen. Du wirst nie an die Grenzen kommen, weil du die ganzen Lösungen in dir hast.

Mit der nächsten Übung zeige ich dir, wie man ein inneres Wörterbuch entwickelt. Wichtig ist, dass du die Aura und auch die Farben sehen kannst, bevor du mit der Übung beginnst. Sollte es dir nicht gelingen, dann kannst du natürlich auch mit deiner subjektiven Hellsichtigkeit ein Wörterbuch anlegen. Doch bevor du dies machst, solltest du dir ein paar Monate Zeit lassen, um das objektive Aurasehen zu lernen. Die Übungen vor diesem Kapitel lassen sich natürlich alle erweitern, indem man versucht, die Dinge, die man über die Hellsinne wahrnimmt, zu interpretieren und sie dem Klienten in klaren Aussagen zu vermitteln. Es ist am Anfang äußerst schwierig, eine Sprache zu finden, die für den Klienten verständlich ist. Viele meiner Schüler können die Aura wunderbar wahrnehmen und sehen, wenn ich aber dann in einer Sitzung zuhöre, sträuben sich mir oft die Nackenhaare, was ich dabei zu hören bekomme. Das hört sich dann oft so an: »Hier hast du ein bisschen Gelb, da fließt Blau herein. Es ist aber ein ganz helles Blau, und dort kommt Grün zum Vorschein ...« Ich bin immer wieder überrascht, wie gut jemand die Aura sieht. Was aber soll der Klient mit solchen Aussagen anfangen? Ein Klient, der eine Stunde zu dir in eine Sitzung kommt, will im Normalfall nicht wissen, welche Farben er hat oder was für Bilder und Eindrücke du empfängst. Er möchte wissen, was dies alles bedeutet und wie er sein Leben verbessern kann. Versuche deine Eindrücke, egal ob es Farben, Symbole, Bilder, Gefühle, Worte, Zeichen oder was auch immer es sein mag, mit klaren Sätzen wiederzugeben. Es müssen immer klare Aussagen sein, die sich mit Ja und Nein beantworten lassen. Damit weißt du immer, ob das, was du siehst, sinnvoll ist oder nicht. Wenn ich in Sitzungen bin oder Vorträge halte, frage ich die Menschen immer, ob es Sinn macht, was ich gerade erzähle und ob sie meine Botschaften auch verstehen können. Es würde mir keinen Spaß machen, 60 Minuten zu reden und mir am Schluss vom Klienten anhören zu müssen: »Tut mir leid, ich habe mich in deinen Aussagen nicht wiedererkannt!« Achte von Anfang an darauf, dass du eine klare Sprache sprichst. Deine Übungspartner sollten dich auch darauf aufmerksam machen, wenn du etwas Unverständliches oder Sinnloses sagst. Wie die Sprache deiner Hellsinne zu verstehen und zu interpretieren ist, lässt sich leider nicht anhand eines Buches erklären, sondern nur durch ständiges Üben. Durch das Üben wirst du auch deine eigene Sprache entdecken und sie verstehen lernen.

Im Folgenden geht es darum, wie man sein persönliches Farblexikon entwickeln kann. Ich setze voraus, dass du die Aura objektiv hellsichtig sehen oder sie subjektiv gut wahrnehmen kannst. Auch für diese Übung brauchst du einen Klienten, mit dem du trainieren kannst. Versuche als Erstes, seine Aura wahrzunehmen. Du siehst vielleicht Gelb um seinen Kopf herum. Du nimmst wahr, dass dies die Mental-Aura ist. Du kennst diese Schichten bereits, da du ihre Wahrnehmung vorher schon trainiert hast. Du weißt also, dass deine Wahrnehmung mit seinen Gedanken zu tun haben muss. Lass jetzt das Gelb, das du siehst, auf dich wirken. Ist es ein schönes, warmes Gelb? Ist es hell, klar? Oder ist es eher ein dunkles Nikotingelb? Versuche, die Farbe nicht nur zu sehen, sondern sie mit deiner ganzen Sensitivität zu erfassen. Jetzt frage dich, was dieses Gelb für dich persönlich und für deinen Klienten bedeutet. Du wirst sehr schnell eine Antwort auf deine Fragen bekommen. Siehst du zum Beispiel ein helles Gelb, das sehr klar ist, bedeutet das, dass die Energie in der Mentalaura ruhig und ohne große Aufregung ist. Jetzt frage dein inneres Wörterbuch, was dies bedeutet. Wenn du dem Klienten beschreibst, was du siehst, wird er jedoch damit nicht viel anfangen können. Doch dein inneres Wörterbuch wird dir immer schneller eine Antwort geben können, je mehr du es benutzt. Wenn die Energie in der mentalen Schicht ruhig ist und auch ruhig fließt, dann weißt du, dass sich der Klient gedanklich in keiner stressigen oder unausgeglichenen Lage befindet. Wenn auch ein helles Gelb vorhanden ist, weiß ich, dass er klare und positive Gedanken fasst. Wenn ich ihm dann sage: »Mental kannst du im Moment sehr klare und positive Gedanken fassen«, dann kann er das mit sich verbinden und verstehen. Das Gegenteil könnte so aussehen: Du siehst in der mentalen Schicht eine unruhige Bewegung. Das Gelb ist eher dunkel und hat noch etwas Rot in der ätherischen Schicht. Du befragst erneut dein Wörterbuch, was dies bedeutet, und machst dann folgende Aussage: »Ich sehe, dass deine Gedanken sehr unruhig sind, nicht unbedingt im positiven Sinn. Dir gehen zurzeit viele Gedanken durch den Kopf, die dich bedrücken und traurig stimmen. Ich sehe auch immer wieder Rot in deiner Aura, und zwar in der ätherischen Schicht. Das zeigt mir, dass du im Moment viel Kopfschmerzen oder Migräne haben musst.« Dies sind klare Aussagen, die der Klient mit Ja oder Nein beantworten kann. Kannst du die einzelnen Farben gut interpretieren, gehen wir einen Schritt weiter. Ich empfehle dir, zu allen Farben Schlagwörter aufzuschreiben, die nicht aus anderen Büchern oder von anderen sensitiven Beratern stammen, sondern von dir, von deinem persönlichen Farblexikon. Beispiel: Grün bedeutet Frühling, wachsen, Selbstständigkeit, Neid, Neubeginn, Heilen, Erneuerung usw. Leg dir zu allen Farben ein solches Lexikon an. Beginne mit den sieben Regenbogenfarben. Unterscheide zum Beispiel in Hell- und Dunkelgrün, in Mischformen etc. Wenn du dies ernsthaft machst – was ich dir empfehlen würde, wenn du ein guter Aura-Reader werden möchtest –, wirst du bald ganze Bücher mit deinen Interpretationen füllen können. Mach dir die Mühe, und schreibe alles auf. Denn allein schon für dein Unterbewusstsein hat das Aufschreiben eine sehr wichtige Funktion.

Alles, was wir aufschreiben, ist für unser Unterbewusstsein ein Zeichen, dass diese Informationen sehr wichtig für uns sind, und dadurch werden diese Informationen besser abgespeichert. Wenn du schon viel über die einzelnen Farben weißt, dann interpretiere auch die Umgebung der jeweiligen Farbe. Das heißt also: Wo befindet sich die Farbe in der Aura? In welcher Schicht ist sie? Was bedeutet die Schicht? Was bedeutet die Schicht im Zusammenhang mit dieser Farbe? Welche Farben sind um die Farbe? Was bedeutet diese Kombination? Wie ist die Energie in der Kombination? Gibt es Bewegung unter den Farben? Wenn ja, um welche handelt es sich? Was bedeuten sie? Hierzu gibt es natürlich noch viele Fragen und Möglichkeiten.

Das wirkt am Anfang alles sicher so, als sei es sehr schwierig. Aber gib bitte nicht auf! Es ist nur ein wenig Durchhaltevermögen notwendig. Wenn du am Anfang immer nach dem gleichen Schema vorgehst, wirst du plötzlich merken, dass du die Interpretation ganzheitlich erfassen kannst, kaum dass du eine Farbe gesehen hast. Mit der Zeit sind das dann keine einzelnen Schritte mehr, sondern nur noch ein Schritt. Ich erfasse sofort die umliegenden Farben, Schichten, Bewegungen etc. Wichtig ist dabei, wenn du dein Wörterbuch anlegst, dass du dies immer mit einem bestimmten Klienten machst. Zeichne vielleicht auch immer ein Bild der Aura und interpretiere deine Wahrnehmungen immer sofort für deinen Klienten, damit du weißt, ob das, was du wahrnimmst, sinnvoll ist oder nicht. Und noch etwas kann sehr hilfreich sein: Beginne dich auch in anderen Bereichen für Farben und Schwingungen zu interessieren! Beobachte Farben und Energien überall, dann wirst du bald dein eigenes Farblexikon haben und ein sehr präziser Aura-Reader werden. Beobachte auch Menschen in emotionalen Situationen! Versuche wahrzunehmen, welche Farben vorhanden sind, und schreibe sie sofort auf. Wenn du mit einem Freund zusammen bist, der dir gerade erzählt, er habe Migräne, dann frag ihn, ob du seine Aura anschauen darfst. Schaue, wie seine Aura mit der Migräne oder auch anderen Krankheiten aussieht. Versuche aber auch, alle Informationen mit deiner ganzen Sensitivität zu erfassen. Achte auch auf die Schichten der Aura. Wenn jemand Migräne hat, hat dies auch Auswirkungen auf seine emotionale Schicht. Ich bin überzeugt davon, dass du dir bald ein gewaltiges eigenes Farblexikon angelegt haben wirst. Dies ist nur am Anfang schwer, wenn du dir aber die Mühe machst, wirst du nie in eine Situation kommen, die du nicht enträtseln kannst. Denn du weißt, wie du zu einer Lösung kommst.

Zwei Übungen, die sich von der klassischen Wahrnehmung der Aura unterscheiden: Obschon man auch hier die Energie und somit auch die Aura liest, geht es dabei weniger um das Wahrnehmen der Farben, sondern um die allgemeine Energie einer Aura oder eines Gegenstandes. Die Aussagen, die du über eine Person machen kannst, sind dieselben. Man kann ihren Charakter lesen, die Partnerschaft, man kann lesen, wie ihr Partner aussieht, wie es ihm geht, wie es um die Beziehung steht, ob die Person Kinder hat und wie viele, ob es ein Junge oder ein Mädchen ist, wie es den Kindern geht, wie es um die Gesundheit und den Beruf bestellt ist, welche Talente sie hat, ob sie in Schwierigkeiten steckt, welche Muster und Blockaden sie aufweist, wo sie wohnt, wie es um ihr Haus bestellt ist usw. Die ganze Palette kann man hier wahrnehmen. Dein Partner sollte dir aber immer Feedback geben, und zwar immer mit *Ja* oder *Nein* oder *Kann ich verstehen.*

Übung 40: *Lesen aus Gegenständen*
(Psychometrie) * (***)
Wie ich im Kapitel über Psychometrie bereits ausgeführt habe, geht es hier um das Lesen von Energien an Gegenständen. Nimm wieder einen Übungspart-

ner, den du am besten nicht oder nur oberflächlich kennst. Dies empfehle ich dir für alle Übungen, denn wenn du jemanden gut kennst, ist es unheimlich schwierig zu erkennen, welche Informationen von deinen Hellsinnen kommen und was einfach Dinge sind, die du weißt. Bitte nun deinen Übungsklienten, er möge dir einen Gegenstand geben, den er schon längere Zeit bei sich trägt. Geld ist dazu ungeeignet, da es schon durch viele Hände gegangen ist und somit mit äußerst vielen verschiedenen Energien aufgeladen ist. Es gibt sehr viele sensitive Berater, die mit dieser Methode arbeiten. Statt Aura-Readings durchzuführen, bieten sie Sitzungen über Psychometrie an.

Verbinde dich nun mit dem Gegenstand. Schaue dir dabei die genaue Struktur des Gegenstandes an, zum Beispiel die Farbe, vielleicht nimmst du Kratzer wahr. Nimm den Gegenstand mit all deinen Hellsinnen in dich auf, und lass dich von seiner Form oder eventuellen Kratzern, seiner Farbe etc. inspirieren. Versuche bei dieser Übung, die klassischen Dinge, wie Charakter, Partnerschaft, Beruf, Kinder, Probleme, Blockaden usw., dem Klienten zu beschreiben. Ist der Gegenstand zum Beispiel eine Uhr, dann versuche wahrzunehmen, wie der Klient zu der Uhr gekommen ist. Wie lange hat er sie schon? Hat er sie geschenkt bekommen oder hat er sich die Uhr gekauft? Von wem bekam er sie geschenkt bzw. wo hat er sich die Uhr gekauft? Falls er sie gekauft hat, wer hat sie ihm verkauft, wie sah der Verkäufer aus, das Geschäft, was hat sie gekostet? Auch hier kannst du immer mehr ins Detail gehen. Wichtig dabei ist, dass du versuchst, an die Grenzen zu gehen. Dann überschreite die Grenzen und erkenne, was alles möglich ist. Viel Spaß!

Übung 41: Handlesen **

Diese Übung kann man auf zwei unterschiedliche Weisen durchführen. Ich werde hier die typisch sensitive Art vorstellen. Es gibt Handleser, die jede Linie auswendig lernen und für die jede Linie und Wölbung eine besondere Bedeutung hat. Dies ist eine Möglichkeit, eine Hand zu lesen, wahrscheinlich die bekannteste. Doch eine andere Art ist nicht so verbreitet, aber wesentlich einfacher, weil man nicht alle Linien auswendig lernen muss. Versuche die Hand eines Übungsklienten mit deiner Sensitivität zu lesen. Achte dabei auf alle deine Hellsinne. Schaue auch, wenn du leicht über die Hand streichelst, ob du dabei Bilder bekommst oder auch Eindrücke, wenn du die Haut fühlst. Fühle sie mit allen Sinnen, und empfange die sensitiven Eindrücke. Achte auf die Handlinien! Für diese Übung ist es gut, wenn du die Linien nicht kennst. Du wirst plötzlich feststellen, wie die einzelnen Linien Bedeutungen bekommen. Wichtig ist es bei dieser Übung, auf alles zu achten: auf die Temperatur der Haut, ihre Beschaffenheit, ihre Farbe und Linien, ob diese weich oder grob sind, achte auf die Form der Hand, die Fingernägel etc. Lege deinen Fokus auf alles, was zu der

Hand gehört, dann kannst du ganz klare Informationen empfangen. Beschreibe auch hier den Charakter, die Partnerschaft, den Beruf etc. Formuliere deine Aussagen verständlich, damit der Klient klare Antworten bekommt, auf die er mit Ja oder Nein antworten kann.

Zusätzliche Übung: Wenn du in Zukunft jemandem die Hand gibst, dann achte bereits in dem Augenblick darauf, welche Informationen du über deine Hellsinne empfängst. Dies ist sehr spannend. Ich gebe jedem Klienten zur Begrüßung die Hand, und in den paar Sekunden weiß ich bereits, mit wem ich es zu tun habe. Diese Übung verschafft auch dir viele Vorteile, weil der Klient in diesem Moment meistens noch entspannt ist. Wenn du anschließend mit ihm die Sitzung beginnst, sind die meisten Klienten gerade in den ersten Minuten ein wenig angespannt, und daher ist es schwieriger, sich mit der Energie des Klienten zu verbinden. Deswegen beginnt mein Reading schon bei der Begrüßung, damit ich einen leichteren Einstieg in die Sitzung habe. Handlesen ist eine Methode, die sich sehr gut eignet, um auf sich aufmerksam zu machen. Als ich noch nicht so viele Klienten hatte, habe ich oft auf Festen oder Partys den Leuten aus der Hand gelesen. Das zog immer viele Schaulustige an, und die meisten Menschen glauben auch, dass man aus der Hand Informationen herauslesen kann. An das Auralesen glauben viel weniger. Wenn dir zwei bis drei gute Sitzungen mit neugierigen Zuschauern gelingen, wollen hinterher alle, dass du ihnen aus der Hand liest, zumal, wenn du Dinge beschreibst, wie ihre Wohnung etc. Nun musst du nur noch deine Visitenkarten verteilen und die Leute bitten, in die Praxis zu kommen, wenn sie eine Sitzung haben wollen.

Übung 42: *Sag mir, welches Tier du bist!* *

Diese Übung lieben alle, die Fantasie haben. Bitte deinen Klienten, er möge dir sein Lieblingstier sagen bzw. als welches Tier er sich sieht. Dann gib ihm eine Sitzung mit Hilfe dieses Tieres. Du kannst dabei alles sagen, wie sonst auch, allerdings legst du dabei den Fokus auf das Tier. Nehmen wir an, dein Klient sagte, er sei eine Katze. Dann schau dir den Klienten an, als sei er eine Katze. Jeder Mensch würde bei dir vielleicht ein anderes Bild von Katze auslösen. Stell dir verschiedene Menschen als Katzen vor, und du wirst feststellen, dass jede Katze anders ist. Das sagt sehr viel über deinen Klienten aus. Die eine Katze ist jung und verspielt, eine andere gepflegt, wieder eine andere ist ungepflegt und scheu usw. Lass dich wirklich von der Katze führen. Wichtig ist dabei, dass du dem Klienten nicht die Katze erklärst, sondern dass du ihm sagst, wie er ist und welche Themen er hat im Leben. Die Katze bzw. das Tier ist dabei nur ein Hilfsmittel. Ein Beispiel aus meiner Praxis: Ich hatte eine Klientin, deren Lieblingstier eine Katze ist. Ich sah sofort eine sehr stolze und selbstbewusste Katze vor mir, was ich auch der

Klientin sagte: »Du bist sehr selbstbewusst und hast keine Mühe damit, dich vor Menschen hinzustellen«, was sie auch bestätigte. Ich sah erneut die Katze an, die etwas Tänzerisches, Leichtes hatte. Ich sagte zur Klientin: »Ich bekomme Bilder vom Tanzen und habe das Gefühl, dass du dich leicht bewegst. Macht das einen Sinn?« – »Ja, ich bin Tänzerin!« Das nächste Bild war lustig. Ich sah, wie die Katze an ihren Fressnapf ging, in dem sich Milch befand, dass sie den Fressnapf aber nicht anrührte. Dann ging sie zu anderen Fressnäpfen und wählte genau aus, was sie fressen wollte. Meine Übersetzung der Bilder lautete: »Du wählst deine Nahrung sehr bewusst aus. Du achtest stark auf deine Ernährung. Du hast eine Milchallergie. Du machst einen großen Bogen um Milch!« – »Das ist absolut richtig! Von Milch bekomme ich tagelang Durchfall. Aber auch insgesamt bin ich sehr wählerisch, was die Nahrung betrifft.« Ich hoffe, dass ich durch dieses Beispiel deutlich machen konnte, wie die Übung durchgeführt werden sollte. Lass dich von dem jeweiligen Tier auf eine Reise mitnehmen. Schau dem Tier zu, was es macht und übersetze es. Beachte auch die Eigenheiten eines Tiers, zum Beispiel: Ein Hund ist treu, eine Katze eigenwillig, ein Eichhörnchen ist ein Sammler, der Elefant ist weise usw. Jedes Tier bringt bereits eine Grundenergie mit. Diese gilt es nur noch wahrzunehmen. Lass dich aber von deiner Sensitivität leiten, geh nicht mit dem Kopf an die Übung heran.

Übung 43: *Sag mir was du isst, und ich sage dir, wer du bist!* **

Diese Übung macht großen Spaß. Frage den Klienten, was seine Lieblingsspeise ist, und gib ihm dann eine normale Sitzung. Richte den Fokus auf das Essen. Was sich damit sehr gut beschreiben lässt, ist der Charakter des Klienten. Doch kannst du damit auch Aussagen über das ganze Leben des Klienten machen. Sagt er zum Beispiel, er liebe Pizza, du aber merkst, dass diese Pizza, die du siehst, geschmacklos ist, dann weißt du, dass dem Leben deines Klienten im Moment gerade die Würze fehlt. Siehst du auf dieser Pizza nur einen Pilz, dann weißt du, dass er Single ist. Siehst du zum Beispiel drei Oliven auf der Pizza, könnte das bedeuten, dass der Klient drei Kinder hat oder drei Liebhaber. Finde es mit deinen Hellsinnen heraus, und lass dich vom Essen inspirieren.

Übung 44: *Welches Auto fährst du?* **

Frag deinen Klienten, welches Auto er fährt. Du kannst ihn aber auch nach seinem Lieblingswagen fragen. Dann interpretiere auch diese Aussage. Diese Übung kannst du nur durchführen, wenn du dich selbst mit Fahrzeugen auskennst. Auch damit lässt sich alles über deinen Klienten wahrnehmen. Leg den Fokus wieder auf das Auto. Die Sitze können dir zeigen, ob dein Klient ein Familienmensch ist oder nicht. Wenn auf dem Beifahrersitz viele Dinge herumliegen, weißt du, dass dein Klient keinen Partner hat oder nur allein Auto fährt. Welche Scheinwerfer hat das Auto? Leuchten sie weit, dann hat dein Klient zum Beispiel Weitblick. Lasse dich auch hier von deiner Sensitivität leiten.

Übung 45: Farbbändel lesen **

Diese Übung musste ich während meiner Ausbildung oft machen. Sammle viele verschiedene Stoffbänder in allen möglichen Farben und aus unterschiedlichen Stoffen. Lass den Klienten ein bestimmtes Band aussuchen. Du kannst ihn auch blind eines ziehen lassen. Nimm nun das Band, und lass es zwischen deinen Händen hin und her fahren. Auch dabei geben dir die Farbe des Bandes, die Knitter und Falten Hinweise auf das Leben deines Klienten. Es ist von Vorteil, wenn du dich durch dein Farblexikon bereits gut mit Farben auskennst. Versuche, die Struktur des Stoffes wahrzunehmen. Wenn du dich voll und ganz auf das Stoffband einlässt, wirst du merken, dass du unglaublich präzise Informationen bekommst. Am Anfang ist die Übung vielleicht nicht ganz leicht. Doch vertraue deinen Hellsinnen.

Übung 46: Sand lesen **

Diese Übung ist sehr spannend. Nimm einen großen Teller oder eine Schüssel und fülle sie mit Sand. Lass deinen Klienten im Sand einen Handabdruck machen oder ihn einfach ein wenig mit dem Sand spielen. Wichtig ist dabei, dass seine Energie in den Sand kommt. Nimm dann den Teller, und lasse dich von der Struktur des Sandes leiten. Achte auf deine Hellsinne! Versuche, den Sand mit deiner Hellfühligkeit zu lesen: Wie hat sich die Energie verändert, seit dein Klient mit dem Sand in Berührung kam? Leg den Fokus auf die einzelnen Formen, Strukturen, den Sand insgesamt und die Energie des Klienten. Das Innenleben des Klienten kann dir ein wildes Durcheinander zeigen. Hat der Klient beim Spiel mit dem Sand klare Formen hinterlassen, dann weißt du, dass er klare Strukturen liebt. Mach auch hier Aussagen über das gesamte Leben des Klienten.

Übung 47: *Kaffeesatz lesen* **

Diese Übung lässt sich am besten mit Mokka machen, also mit türkischem Kaffee. Gib dem Klienten einen Kaffee oder Mokka mit Kaffeesatz. Bitte den Klienten, den Kaffee auszutrinken, damit der Satz des Kaffees mit der Energie des Klienten aufgeladen wird. Es ist übrigens auch ein schönes Ritual zu Beginn einer Sitzung, Kaffee zu trinken. Ich habe dies in der Türkei kennengelernt. Dort können zahlreiche Menschen Kaffeesatz lesen. Manche sind wirklich außergewöhnlich gut darin. Eine ganze Reihe Menschen war überrascht, dass ich als Schweizer das Kaffeesatzlesen genauso gut kann wie sie. Ich habe natürlich nicht gesagt, warum ich das so gut kann. Auch beim Kaffeesatzlesen gibt es zwei Möglichkeiten: In der Türkei liest man den Kaffee nach Vorgaben. Man kann Kaffeesatzlesen wie das Handlesen oder das Kartenlesen lernen. Wir nutzen jedoch auch hierfür unsere Sensitivität. Wenn dein

Klient den Kaffee getrunken und den Kaffeesatz in der Tasse gelassen hat, dann nimm einen Untertel-ler, leg ihn oben auf die Kaffeetasse und stell die Tas-se auf den Kopf. Warte etwa zwei Minuten, bis der Kaffeesatz ganz herausgelaufen ist. Dann nimm die Tasse und lies den Kaffeesatz, der sich an den Wän-den und am Boden der Tasse gebildet hat. Suche nach Figuren, auf die du den Fokus legen kannst für deine Hellsinne. Mit dem Kaffeesatz kannst du eine wunderbare, klassische Standortbestimmung ma-chen. Aus dem Kaffeesatz kannst du alles herausle-sen, was du wissen musst oder was der Klient wis-sen möchte. Wenn du nicht verstehst, wie man den Satz eines Mokkas liest, dann geh in ein türkisches Café, dort finden sich scharenweise Menschen, die es dir zeigen können. Viel Spaß dabei!

Übung 48: *Wasser oder Kristallkugel lesen* **

Das Lesen aus der Kristallkugel dürfte die bekann-teste Methode des Wahrsagens sein, und sie ist ge-wissermaßen auch das Sinnbild des Wahrsagers. Doch auch wird auf die Kugel nur der Fokus gelegt. Mit einer Kugel ist es allerdings sehr leicht, einen weichen bzw. leeren Blick zu bekommen, ähnlich wie beim Aurasehen, und dadurch finden leicht Vi-sionen und hellsichtige Eingebungen statt. Da Kri-stallkugeln sehr teuer sind, kannst du dich auch ei-ner alten keltischen Kunst bedienen: Fülle eine Glasschüssel mit Wasser. Wasser hat den Vorteil, dass der Klient seine Hand in das Wasser tauchen kann und sich dadurch auch seine Energie im Wasser befindet. Kristallkugel- und Wasserlesen sind vor allem für Leute interessant, bei denen die Hellsichtigkeit stark ausgeprägt ist. Man kann mit der Glaskugel bzw. dem Wasser ganz klare Bilder bekommen, fast wie beim Fernsehen. Aber Achtung: Lass dich nicht zu Zukunftsprognosen verleiten! Nimm nur Dinge, die dein Klient mit Ja oder Nein beantworten kann. Falls du noch experimentieren möchtest, kannst du dazu auch einen Spiegel nehmen und den weichen bzw. leeren Blick mit einem Spiegel üben. Diese Übung hilft dir auch beim Aurasehen, weil sie den richtigen Blick trainiert.

Übung 49: *Kartenlesen* *

Beim Kartenlesen gibt es natürlich diverse Varianten, mit denen du deine Sensitivität trainieren kannst, und es gibt auch eine ganze Reihe verschiedener Kartendecks, die du für diese Übung nutzen kannst. Ich persönlich bevorzuge eine sehr einfache Übung mit Osho-Zen-Tarot-Karten, doch lässt sich die Übung mit allen anderen Karten genauso gut durchführen. Das Osho-Zen-Tarot hat den Vorteil, dass es klare Bilder mit ganz unterschiedlichen und klaren Farben enthält. Auch Bewegungen sind darauf zu sehen. Daher kann man auch die Energie der Karte gut lesen. Auf jeder Karte ist ein Wort gedruckt, das uns inspirieren soll. Lass deinen Klienten eine Karte ziehen, nimm dann die Karte und beginne, sie mit deiner Sensitivität zu lesen. Achte dabei nicht nur auf das Bild, sondern nimm auch die Farben, die Energie, die Figuren, einfach alles wahr, was auf der Karte mit deinen Hellsinnen wahrzunehmen ist. Achte darauf, dass du dem Klienten nicht einfach erklärst, was du auf der Karte siehst! Das passiert zum Beispiel vielen Anfängern. Mach vielmehr klare Aussagen über sein Leben, die er gut nachvollziehen und verstehen kann. Bitte deinen Übungsklienten immer wieder, dir zu sagen, wenn du dich nicht verständlich ausdrückst. Nimm für diese Übungen nur eine Karte, und gib mit nur einer Karte eine Beratung von mindestens 20 bis 40 Minuten Dauer. Aus einer Karte kannst du alles lesen, was du für die Standortbestimmung eines Klienten brauchst. Achte bei allen Übungen, die du machst, darauf, dass du nur Aussagen machst und keine Fragen stellst. Frage nie, ob der Klient Kinder hat, sondern sag ihm, ob und wie viele Kinder er hat und ob es Mädchen oder Jungen sind. Lass dich ganz auf die Karten ein! Ich habe zahlreiche Schüler, die gute Sensitive geworden sind und ausschließlich mit Karten arbeiten. Beim Kartenlegen hat man den kleinen Nachteil, dass man sofort in die Ecke von Wahrsagern und TV-Hellsehern gestellt wird. Zeig den Menschen, dass du mehr kannst, und nutze diese wunderbare Möglichkeit des Kartenlesens für deine seriösen und kompetenten Beratungen. Ich selbst habe früher sehr oft mit Karten gearbeitet, weil ich es als eine tolle Methode empfand, die relativ leicht war.

Übung 50: *Turnschuhlesen* **

Diese Übung war in der Vergangenheit eine meiner Lieblingsübungen. Ich finde, mit ihr lässt sich sehr gut zeigen, dass man im Grunde aus allen Dingen Informationen herauslesen kann, wenn man seine Sensitivität trainiert hat. Natürlich hat jeder Sensitive Bereiche, die ihm mehr liegen als andere. Doch als erfahrener sensitiver Berater solltest du mit dieser Übung gut zurechtkommen. Bitte deinen Übungsklienten, er möge dir seinen Schuh geben, nun verbinde dich mit dem Schuh. Lies mit deinen Hellsinnen den Schuh des Klienten, achte auf Bilder, Gefühle und klare Eingebungen. Schau auch, ob sich am Schuh Spuren vom Laufen, Kratzer, sonstige Unebenheiten und so weiter finden. Diese Spuren können den Fokus deiner Wahrnehmung darstellen. Die Übung sollte dir vor allem Spaß machen. Ich persönlich würde nie einen Klienten bitten, mir seinen Schuh zu geben und aus diesem zu lesen. Gerade im Sommer dürfte ein solches Reading nicht wirklich Spaß machen. Mit der Übung lässt sich jedenfalls lernen, aus allem, was uns umgibt, Informationen herauszulesen.

Übung 51: *Ich sag dir, wie du wohnst* **

Bitte deinen Übungsklienten, er möge sich vor dich hinsetzen. Verbinde dich nun mit seiner Aura-Energie. Dabei spielt es keine Rolle, ob du die Aura objektiv hellsichtig wahrnimmst oder nicht. Beschreibe die Wohnung deines Klienten! Achte besonders auf deine Gefühle! Die meisten achten nur auf Bilder. Doch gerade die Hellfühligkeit gibt uns klare Informationen. Denk an die Vorübungen zum Training der Hellsinne! Hier finden sie ihre Anwendung. Wenn du dich auf die Wohnung deines Klienten konzentrierst, dann achte zuerst einmal darauf, wie groß sich die Wohnung für dich anfühlt. Eine große Wohnung oder ein Haus ist von einer kleinen Wohnung leicht zu unterscheiden. Achte auch darauf, wo sich die Wohnung oder das Haus befindet. Siehst du zum Beispiel viel Grün, dann weißt du, dass sie sich auf dem Land befindet. Oder hast du das Gefühl von Weite, dann weißt du auch, dass sie ländlich sein muss. Fühlst du dich von Häusern umgeben und eingeengt, dann weißt du, dass sich die Wohnung in einer Stadt befindet, vor allem, wenn du auch kein Grün wahrnimmst. Ob es sich um ein Haus oder eine Blockwohnung im dritten Stock handelt, weißt du, wenn du aus dem Fenster deines Klienten schaust. Befindest du dich in einem der oberen Stockwerke, bekommst du das Gefühl, dass es vor dir hinuntergeht, oder du siehst es mit deiner Hellsichtigkeit ganz klar. Bist du in einem Haus, geht es in den allermeisten Fällen ebenerdig hinaus, wenn du aus dem Fenster blickst, außer das Haus befindet sich auf einem Hügel oder auf einer Anhöhe. Mit ein wenig Übung ist es ganz leicht, Unterschiede festzustellen. Beweg dich mit deinen Hellsinnen in der Wohnung und nimm mit deiner Sensitivität alles wahr. Bei dieser Übung ist es wich-

tig, dass du deine Hellsinne mit der Vorstellungskraft immer wieder trainierst und du dir immer wieder vorstellst, wie es ist, zum Beispiel eine Villa
hellfühlend wahrzunehmen. Falls du die Möglichkeit hast, ein herrschaftliches Haus zu besuchen,
kannst du dir mit deiner Sensitivität die Energie des
Anwesens merken, dann wirst du sie künftig lesen
können. Natürlich nicht nur Villen, sondern auch
Altbauwohnungen, Neubauten, Einfamilienhäuser,
Mehrfamilienhäuser, Blockwohnungen usw. Merk
dir bei jedem Objekt die Energie! Auch wenn sich
von Anwesen zu Anwesen die Energie ändern sollte, lässt sich doch eine gemeinsame Dynamik wahrnehmen, die charakteristisch für einen bestimmten
Wohnungstyp ist. Diese Übung macht dir sicher
Spaß, und sie ist auch wichtig. Suchst du zum Beispiel für einen Klienten verlorene Gegenstände,
musst du mit deinen Hellsinnen die Wohnung klar
wahrnehmen können, um sagen zu können, wo sich
der Gegenstand befindet.

Übung 52: *Aussagen über deinen Partner,*
den Chef, die Kinder, die Eltern etc. **
(Nur lebende Personen!)
Diese Übung ist besonders wichtig, weil du sie für
Standortbestimmungen häufig brauchst. Hast du
beispielsweise einen Klienten, der mit seinem Chef,
dem Partner oder mit einem andern Menschen Probleme hat, dann ist es von Vorteil, wenn du das Aussehen dieser Person kurz beschreibst, über ihren

Charakter oder besondere Eigenschaften etwas erzählst, damit sich der Klient auch sicher ist, dass du die Energie der richtigen Person liest. Mir ist es schon passiert, dass eine Klientin Probleme mit ihrem Sohn hatte und mich fragte, wo das Problem sei. Ich verband mich über die Aura der Klientin mit der Energie des Sohnes, da diese Energie in der Aura der Klientin vorhanden sein muss, weil sie ja die Mutter ist und alle Energien der Menschen, mit denen wir in unserem Leben in Berührung kamen oder noch kommen werden, in der Aura gespeichert sind. Je öfter wir jemanden sehen oder Zeit mit ihm verbringen, desto stärker ist der Eindruck der *Energie* in der Aura. Jedenfalls beschrieb ich den Sohn nicht, sondern verband mich einfach mit der Energie des Sohnes. Ich konnte gar nicht verstehen, dass man mit dem Sohn Mühe haben konnte, da er sehr hilfsbereit und nett war und sich sehr um die Mutter kümmerte, und auch in der Schule sah ich keine Probleme. Ich teilte meine Wahrnehmung der Mutter mit, und sie erwiderte: »Kann es sein, dass Sie den falschen Sohn sehen? Ich habe zwei Söhne, der ältere ist so, wie Sie ihn beschreiben, Probleme jedoch habe ich mit dem jüngeren Sohn!« Hätte ich von Anfang an richtig geschaut, hätte ich sehen müssen, dass sie zwei Söhne hatte, und ich hätte bemerken müssen, dass ich die Energie vom älteren und nicht vom jüngeren Sohn gelesen habe. So etwas kann natürlich passieren. Blöd wird es nur, wenn jemand Probleme mit dem Partner hat, und du beschreibst dem Klienten die Liebhaberin anstelle der Ehefrau. Auch das ist mir schon passiert. Menschen kommen zwar zu einem Sensitiven und gehen davon aus, dass du *mehr siehst*, aber alles sehen sollst du dann auch wieder nicht.

Lerne also bei dieser Übung, dem Klienten eine Person, die noch lebt, so genau wie möglich zu beschreiben, also ihr Aussehen, ihren Charakter, ihre Größe, ihr Verhältnis zum Klienten, ihr Problem, das sie mit dem Klienten hat usw. Hier kannst du in ungemein viele unterschiedliche Details gehen. Achte allerdings auf die Ethik einer Person, die nicht anwesend ist. Ich persönlich würde nie private Informationen einer nicht anwesenden Person an einen Klienten weitergeben.

Hinweis zum zweiten Übungsteil

Bei allen Übungen handelt es sich lediglich um Vorschläge. Sie können beliebig verändert und ergänzt werden. Es ist wichtig, wenn du fortgeschritten bist, dem Klienten eine umfassende Standortbestimmung zu geben. Außer du machst gerade eine Übung, bei der es darum geht, etwas ganz Spezielles zu trainieren, zum Beispiel *Übung 51: Ich sage dir wie du wohnst*. Ansonsten sollte die Übungssitzung mindesten 40–60 Minuten dauern. Versuche, während der Übung einen roten Faden zu haben, damit du nicht von einem Thema zum anderen springst. Falls eine Übung nicht sofort funktionieren sollte, dann mach dir keine unnötigen Gedanken. Es wird immer Übungen geben, die besser gelingen, und andere, die weniger gut verlaufen. Trainiere auch immer wieder einmal etwas, was nicht so gut läuft. Deine Sensitivität wird sich in den kommenden Monaten und Jahren immer wieder verändern, und plötzlich funktionieren auch Dinge, die dir vorher große Mühe bereitet haben.

Übungsteil 3

In diesem Abschnitt findest du Übungen, mit denen du deine Sensitivität in einer größeren Gruppe trainieren kannst. Außerdem findest du hier auch Meditationsübungen, die dir helfen, deine sensitiven Fähigkeiten zu entwickeln. Eine sehr effektive Übung für die Gruppe ist Yoga Siddhis von Bahar Voggenhuber. Dabei handelt es sich um 18 sehr effektive Übungen, die Bahar zusammengestellt hat, speziell um Siddhis, das sind übernatürliche Fähigkeiten, hervorzubringen. Auf die Methode kann ich nicht weiter eingehen. Ich werde sie in Zusammenarbeit mit Bahar in einem eigenen Buch beschreiben. Die hier vorgestellten Übungen sind für Gruppenteilnehmer geeignet, die ihre Sensitivität entwickeln möchten. Die Übungen, die mit *** gekennzeichnet sind, sind sehr schwer und eher für Fortgeschrittene gedacht. Sie können zu zweit oder mit beliebiger Teilnehmerzahl durchgeführt werden. Einige Übungen kannst du auch allein machen. Bei einigen Übungen kann eine Gruppenenergie sehr hilfreich sein, um beispielsweise Informationen miteinander zu vergleichen. Beachte aber, dass sich die Resultate, wenn sich viele Anfänger in der Gruppe befinden, nicht besonders gut decken. Wenn ihr zum Beispiel in der Gruppe versucht, eine vermisste Person zu finden, kann dies mit Anfängern zu großer Verwirrung führen, während die Übung mit Profis in der Gruppe eine ideale Ergänzung sein kann. Arbeite ich beispielsweise für die Polizei oder bei speziellen Aufträgen, dann arbeite ich immer mit meiner Frau Bahar zusammen oder mit meiner Kollegin Dunja Bellisario, da wir uns sehr gut ergänzen. Allerdings müssen wir auch gegenseitig unsere Stärken und Schwächen kennen, damit wir zu guten Resultaten kommen. Je länger eine Gruppe zusammen ist, desto ähnlicher werden die Aussagen und Wahrnehmungen der einzelnen Gruppenmitglieder und desto besser sind die Ergänzungen.

Übung 53: *Meditation: Öffne deine Chakren* *

Diese Übung lässt sich auch allein machen. Wichtig bei einer Meditation ist, dass du dich nicht hinlegst, sondern eine gute Sitzposition einnimmst. Dies kann zum Beispiel auf einem bequemen Stuhl sein. Schau dir vorher die Grafik mit den Chakren an, falls du nicht wissen solltest, wo die Chakren genau sitzen. Die Chakren sind Energiepunkte, je stärker sie in Harmonie sind, desto besser ist dies für deine Aura und ihre Energiekörper. Die Chakren sind für die sensitive Arbeit äußerst wichtig. Bei der sensitiven Arbeit konzentrieren wir uns meist auf das Solarplexus-Chakra, dort ist auch der Sitz des Hellfühlens. Auch das Wurzel-Chakra ist sehr wichtig. Es hilft uns, Boden unter den Füßen zu haben und die Informationen, die wir übersinnlich empfangen, in einer klaren, bodenständigen Sprache auszudrücken. Das

Bauch-Chakra befindet sich zwei Finger breit über dem Bauchnabel. Es bringt uns Freude und Lust bei der Arbeit. Wie bereits erwähnt, arbeiten wir bei der sensitiven Arbeit vorwiegend aus dem Solarplexus, dieses Chakra macht die Hauptarbeit. Das nächste ist das Herz-Chakra. Wir brauchen es, um eine Beratung liebevoll gestalten und Mitgefühl für den Klienten empfinden zu können. Das Kehl-Chakra ist für die Kommunikation und das Hellhören sehr wichtig. Das dritte Auge ist bei unserer Hellsichtigkeit zuständig für das Empfangen von Visionen und Bildern. Das Kronen-Chakra brauchen wir, um die Verbindung zu komplettieren: die Verbindung der göttlichen Energie mit dem Wurzel-Chakra. Auf diese Weise sind wir von oben nach unten verbunden. Natürlich haben die einzelnen Chakren viel komplexere Aufgaben, als ich sie hier beschreibe. Ich wollte damit einfach nur zeigen, dass wir alle Chakren zur sensitiven Beratung brauchen. Das folgende Chakra ist beim Hellhören aktiv. Lies die folgende Meditation genau durch und versuche, dir den Ablauf genau einzuprägen. Falls dir dies schwerfällt, sprich dir die Meditation selbst auf ein Band. Wenn du die Übung in einer Gruppe machst, kann ein Gruppenmitglied die Übung laut und langsam vorlesen. Sie ist ideal für die tägliche Meditation. Dies Meditation stimuliert deine Chakren und hilft dir, deine Hellsinne zu entfalten: Schließe deine Augen, und achte auf deinen Atem. Konzentriere dich zunächst auf deinen Atem. Nimm wahr, dass deine Nasenflügel beim Einatmen kühler und beim Ausatmen wärmer sind. Bleib einen Moment bei deinem Atem. Nimm wahr, wie dich der Atem mehr und mehr beruhigt. Lass deine Gedanken still werden! Nimm dir Zeit dafür, sobald in deinen Geist und in deine Gedanken Ruhe eingekehrt ist. Nun achte auf dein Wurzel-Chakra! Stell dir vor, du würdest durch dein Wurzel-Chakra ein- und ausatmen. Versuche, es in allen Einzelheiten zu fühlen. Es kann sein, dass du spürst, wie dein Wurzel-Chakra aktiviert wird und vielleicht zu kribbeln beginnt, oder dass du eine Bewegung spürst. Dies hat mit der Aktivierung zu tun und ist ganz normal. Versuche, es einfach wahrzunehmen! Aber bewerte deine Wahrnehmung nicht! Bleib 21 Atemzüge lang bei deinem Wurzel-Chakra! Wenn du möchtest, kannst du dabei auch die Farbe Rot visualisieren. Verlagere nach 21 Atemzügen deine Energie auf dein Bauch-Chakra und stell dir dabei vor, wie du durch das Bauch-Chakra einatmest. Bleib auch hier wieder 21 Atemzüge lang! Visualisiere dabei die Farbe Orange! Stell dir vor, dass du orangefarbene Luft durch dein Bauch-Chakra einatmest. Lass dir für deine Atemzüge Zeit, auch hier kann es sein, dass du die Veränderungen der Energie in deinem Chakra spürst. Auch das ist völlig normal, und diese Empfindung kann in jedem Chakra wahrzunehmen sein. Aber auch wenn du nichts oder noch nichts spürst, mach dir bewusst, dass deine Chakren dennoch aktiviert werden. Die Aktivierung über den Atem ist eine der effektivsten Methoden, um die Chakren zu harmonisieren und zu öffnen. Lenke deine Aufmerksamkeit jetzt auf dein Solarplexus-Chakra, und mach auch hier 21 Atemzüge. Visualisiere die Farbe Gelb. Sobald du damit fertig bist, kannst du deine Aufmerksamkeit langsam auf dein Herz-Chakra lenken. Visualisiere die Farbe Rosa und auch hier wiederum 21 Atemzüge lang. Nach dem Herz-Chakra geht deine Aufmerksamkeit zum Hals-Chakra. Auch hier wieder 21 Atemzüge lang. Visualisiere die Farbe Blau. Nun folgt das dritte Auge. Visualisiere hierzu die Farbe Violett, und stell dir vor, wie du 21 Atemzüge lang durch dein drittes Auge ein- und ausatmest.

Zum Schluss folgen 21 Atemzüge durch dein Kronen-Chakra. Visualisiere hier die Farbe Weiß oder ein ganz helles Violett. Je nachdem, welche Farbe für dich mehr zutrifft. Lass nach 21 Atemzügen dein ganzes Sein zur Ruhe kommen. Fühle, wie sich dein Körper, deine Aura und deine ganze Energie verändert haben. Bleib in diesem veränderten Zustand noch ein paar Minuten sitzen und lass diese Energie auf dich wirken! Komm dann langsam zurück ins Hier und Jetzt. Deine Chakren sind nun harmonisiert und offen. Aus meiner Sicht musst du die Chakren auch nicht mehr schließen. Sie machen das ganz automatisch, wenn es die Umstände verlangen.

Übung 54: *Wer ist die Person im Kuvert?* **

Nimm ein Kuvert und schreibe einen Namen darauf! Am besten den einer Person, die du wirklich gut kennst. Falls du die Übung machen möchtest, bitte eine Person, sie möge einen Namen auf einen Zettel schreiben, ihn in ein Kuvert stecken und das Kuvert verschließen. Nimm jetzt das Kuvert und verbinde dich mit dem Kuvert und mit dem Namen auf dem Zettel. Beginne jetzt mit all deinen Hellsinnen die Person, deren Name auf dem Zettel im Kuvert steht, wahrzunehmen und zu beschreiben. Ihren Charakter, die Situation, in der sie sich gerade befindet, ihre Partnerschaft, ihren Beruf usw. Nun antwortet dein Übungspartner immer mit *Ja oder Nein* oder *Kann ich verstehen* auf deine Aussagen. Falls ihr die Übung in einer Gruppe macht, stellt euch alle hin und lasst das Kuvert von einem zum andern gehen. Jeder darf eine Aussage machen. Wenn die Aussage stimmt, darf die Person stehen bleiben. Ist die Wahrnehmung falsch, muss sich die Person setzen und ist ausgeschieden. Man kann diese Übung zusätzlich erschweren, indem man festlegt, dass jeder Teilnehmer nicht länger als fünf Sekunden für das sensitive Erfassen der Information brauchen darf. Wer länger als fünf Sekunden braucht, scheidet aus. Wer etwas sagt, was eine andere Person in der Gruppe bereits gesagt hat, scheidet auch aus. Diese Übung ist meistens sehr lustig und bringt positive Energien in die Gruppe.

Übung 55: *Farben erspüren* *

Nimm farbiges Papier, am besten fünf bis sieben Blatt, stecke jeweils ein Blatt in ein Kuvert. Nun befindet sich in jedem Kuvert nur eine Farbe. Bilde jetzt mit deiner Gruppe einen Kreis. Dann werden die Kuverts im Kreis herumgereicht, und jeder versucht wahrzunehmen, welche Farbe im jeweiligen Kuvert ist. Wenn du ein Kuvert in Händen hältst, dann verbinde deine Energie mit der Energie des Papiers im Kuvert. Jeder macht sich Notizen, und am Ende werden die Resultate miteinander verglichen. Diese Übung ist in der Gruppe sehr spannend, weil man sieht, welche Farben einfacher und welche schwerer wahrzunehmen sind. Diese Übung kannst du aber auch allein machen. Wichtig ist nur, dass du die Kuverts gut durchmischst. Falls diese Übung für deine Gruppe zu schwer ist, gestalte sie am Anfang einfacher, indem ihr nur herausfinden müsst, ob sich eine warme oder eine kalte Farbe im Kuvert befindet. Beispiele für warme Farben: Orange, Rot, Rosa. Beispiele kalte Farben: Grün, Blau. Nimm am Anfang klare Farben, also nicht Lindgrün oder Pastellfarben oder Ähnliches. Halte dich an die sieben Regenbogenfarben. Diese Übung ist gut geeignet, um die Farben in der Aura zu erkennen, ohne dass du sie objektiv hellsichtig siehst. Somit kannst du die Farben mit deiner Hellfühligkeit erspüren.

Übung 56: *Wer saß vorher auf diesem Stuhl?* **

Bei dieser Übung ist es wiederum von Vorteil, wenn ihr eine größere Gruppe seid. Bestimme einen zum Zirkelleiter. Alle Teilnehmer sitzen in einem Halbkreis. Wo der Halbkreis offen ist, wird ein Stuhl mit der Lehne zur Gruppe gestellt. Eine Person muss die

Gruppe verlassen, vor die Tür gehen und warten. Jetzt setzt sich ein Teilnehmer mit dem Rücken zur Gruppe kurz auf den Stuhl. Die Person aus der Gruppe hinterlässt durch das Sitzen auf dem Stuhl dort ihre Energie. Nach etwa 30 Sekunden geht die Person wieder auf ihren Platz zurück. Nun ist der Stuhl also wieder frei. Jetzt wird die Person, die vor der Tür steht, hereingeholt. Sie darf aber auf keinen Fall wissen, wer auf dem Stuhl saß, während sie vor der Tür wartete. Die Person, die die Rolle des Sensitiven übernimmt, sitzt mit dem Rücken gegen die Gruppe und schaut nur den Zirkelleiter an. Sie liest sensitiv die Energie auf dem Stuhl und gibt im Grunde der Person, die vorher auf dem Stuhl saß, eine Sitzung, ohne dass der Sensitive letztlich weiß, wer auf dem Stuhl saß, während er sich vor der Tür befand. Es geht auch nicht darum, dass er dies herausfindet. Es geht vielmehr darum, dass sich die Person aus der Gruppe durch die Aussagen erkannt fühlt. Auch hier sind den Aussagen keine Grenzen gesetzt. Das geht vom Charakter über die Beschreibung der Wohnung und des Arbeitsplatzes bis hin zu Situationsbeschreibungen. Bei dieser Übung kann man alles wahrnehmen. Der Sensitive bekommt vom Zirkelleiter ein Ja oder Nein. Die Person kann dem Zirkelleiter die Aussagen durch Nicken oder Kopfschütteln bestätigen oder ablehnen. Auf diese Weise ist es für den Sensitiven nicht erkennbar, um wen es sich handelte, der vorher auf dem Stuhl saß. Es ist wirklich wichtig, dass er nicht versucht, es herauszufinden, sonst kommen alle Informationen vom Kopf und nicht von den Hellsinnen. Wenn diese Übung zu leicht ist, kann man eine Variante wählen, wie sie am Anfang beschrieben wurde. Nur dass dabei der Zirkelleiter dem Sensitiven kein Feedback gibt. Dadurch weiß der Sensitive nicht, ob alles stimmt oder ob im schlimmsten Fall alles falsch ist, was er sagt. So muss er sich ganz auf seine Hellsinne verlassen. Diese Übung ist nur für fortgeschrittene Schüler geeignet, da sie Anfänger eher demotiviert als anspornt.

Übung 57: *Meditation: Gruppen-Energie fühlen* *
Bitte deine Zirkel- oder Übungsgruppe, sie möge sich in einen Kreis setzen und die Augen schließen. Achtet auf euren Atem, nehmt wahr, dass die Nasenflügel beim Einatmen kühler und beim Ausatmen wärmer sind. Atmet die nächsten fünf bis zehn Minuten bewusst und kommt dabei vollständig zur Ruhe. Nehmt jetzt die Energie um euch herum wahr! Wie fühlt sich deine Umgebung an? Richte deine Hellsinne auf den Partner links von dir im Kreis! Wie fühlt sich seine Aura an? Es kann sein, dass sie bei dir ganz bestimmte Gefühle auslöst oder dass du Bilder oder Farben siehst. Versuche einfach, mit all deinen Hellsinnen den Partner auf der linken Seite wahrzunehmen. Mach dies etwa drei bis vier Minuten lang. Dann geh zu deinem Partner auf der rechten Seite! Wie fühlt sich dieser an? Nimm die Unterschiede zum Partner auf der linken Seite wahr! Siehst du andere Farben? Löst er andere Gefühle bei dir aus? Ist

eine Energie oder eine der beiden Auren wärmer oder kälter? Sind sie ruhiger oder unruhiger? Versuche dies wahrzunehmen, ohne die Wahrnehmung zu bewerten. Lass dir auch hierzu etwa drei bis vier Minuten Zeit, und komm dann langsam wieder zurück in dein Tagesbewusstsein.

Übung 58: *In welche Richtung dreht die Energie?* *
Teile deinen Übungszirkel in zwei Untergruppen auf! Die eine Gruppe bildet in der Mitte einen Kreis. Die Gruppe sollte sich nun einen Energiekreis (ähnlich einem Wirbelsturm) vorstellen und sich in ihrer Vorstellung in der Mitte des Kreises im Uhrzeigersinn oder gegen den Uhrzeigersinn drehen. Wichtig ist dabei, dass sich alle in ihrer Vorstellung in die gleiche Richtung drehen. Der andere Teil des Übungszirkels (bzw. der Gruppe) sind die Beobachter, die versuchen sollten, den Energiekreis der Gruppe, die in der Kreismitte sitzt, mit den Hellsinnen wahrzunehmen und auch die Richtung, in die sich die anderen drehen, wahrzunehmen. Falls dies gelingt, versuchen nun die Beobachter, die nicht mehr wissen, in welche Richtung sich die Gruppe in der Mitte des Energiekreises dreht, dies nur mit ihren Hellsinnen herauszufinden.

Übung 59: *Emotionen erfühlen* **
Diese Übung kann man zu zweit machen. Dabei stellt sich einer der beiden eine Emotion vor, und der andere versucht, sie mit seinen Hellsinnen wahrzu-

nehmen. Dabei ist es wichtig, dass man sich die Emotion nicht nur vorstellt, sondern dass man diese Emotion wirklich fühlen kann. Wenn Sender und Empfänger gut sind, dann ist dies eine sehr leichte Übung. Nun folgt eine etwas schwierigere Variante: Du brauchst dazu mehrere Teilnehmer deines Übungszirkels. Jeweils zwei Teilnehmer stellen sich einander gegenüber. Die anderen Teilnehmer aus dem Zirkel stellen sich in einer Schlange einander gegenüber auf. So gibt es links und rechts je eine Menschenschlange, die sich anschaut und zu ihrem Gegenüber einen Abstand von etwa 1,5 bis 2 Meter hat. Links und rechts davon bleibt kein großer Abstand. Jetzt läuft einer, der an der Spitze der Reihe steht, mit einer bestimmten Emotion zwischen den beiden Reihen durch. Die anderen müssen nun erraten, mit welcher Emotion er an den anderen vorbeigelaufen ist.

Am Anfang würde ich nur raten lassen, ob die Emotion positiv, also zum Beispiel Freude, oder negativ, zum Beispiel Trauer, war. Erst später, wenn die Übung gut klappt, kann man die einzelnen Emotionen herausfinden lassen, zum Beispiel Freude, verliebt sein, glücklich sein, traurig sein, Hass, zornig sein, böse sein etc.

Diese Übung ist sehr schwer und verlangt nicht nur gute sensitive Empfänger, sondern auch schauspielerisches Talent von den Sendern. Wichtig ist dabei, dass man an der Körperhaltung oder im Gesicht nicht sehen darf, welche Emotion die Person, die in der Mitte durchläuft, sich vorstellt.

Tipp

Oft bewegen sich die Personen, die die äußere Schlange bilden, hin und her, wenn jemand zwischen den beiden Reihen hindurch läuft. Häufig kommt es auch vor, dass alle leicht nach hinten kippen, wenn jemand mit einer negativen Emotion vorbeiläuft. Und wenn einer mit einer positiven Emotion vorbeiläuft, dann kippen alle leicht nach vorn. Die Zirkelteilnehmer merken dies in der Regel gar nicht, aber sie sehen es, wenn man sie darauf aufmerksam macht. Wir reagieren unbewusst klar auf Emotionen, und unbewusst nehmen wir mit unseren Hellsinnen ständig Informationen auf.

Übung 60: Speed-Reading ***

Diese Übung mag ich besonders gern, und ich mache sie oft mit meinen Schülern, weil sie dabei hilft, den Kopf auszuschalten und nicht mit dem Verstand eine Sitzung zu geben. Lass deinen Zirkel sich wie in der Übung vorher einander gegenüber aufstellen. Nun beginnt immer eine Reihe eine Sitzung zu geben, zum Beispiel alle, die rechts stehen, spielen den Klienten, alle auf der linken Seite spielen den sensitiven Berater. Alle beginnen gleichzeitig, dem Gegenüber eine Sitzung zu geben. Du kannst jemand beauftragen, der im Abstand von etwa drei bis sechs Minuten immer wieder zum Wechseln auffordert. Dann verschiebt sich die Reihe jeweils um zwei Personen. Die am Anfang und am Ende der Reihe stehen, wechseln einfach die Reihe, nehmen den Platz gegenüber ein, sodass sich die ganze Gruppe um zwei Personen verschiebt. Sobald alle eine neue Position haben, gehen die Sitzungen mit jeweils einem neuen Partner weiter. Dann wird erneut nach drei bis sechs Minuten gewechselt. Wenn alle durch sind, hat auf diese Weise jeder viele Sitzungen gegeben und bekommen, je nachdem, wie viele Teilnehmer die Übungsgruppe hat.

Diese Übung ist sehr schwer, weil links und rechts geredet wird. Sie fördert die Konzentration der Übenden und spielt mit dem Tempo. Ich gebe manchmal nur 20 Sekunden Zeit. Dann muss der Kopf frei sein. Da bleibt nicht viel Zeit zum Überlegen, wie jemand ist. Die Teilnehmer sollten darauf achten, klare Aussagen zu machen, damit jeder sofort weiß, was richtig und was falsch war.

Übung 61: *Meditation: Astralwanderung* ***

Diese Übung ist eine Art Meditation und kann von einer Person, aber auch von einer ganzen Gruppe durchgeführt werden. Eine Astralwanderung kann spontan passieren oder mit etwas Übung bewusst herbeigeführt werden. Astralwanderungen sind auch unter dem Namen *Out of Body* bekannt. Ich persönlich habe diese Meditation häufig praktiziert. Sie ist sehr schwierig und verlangt viel Geduld vom Meditierenden. Ich empfehle diese Übung nur Fortgeschrittenen und Menschen, denen es psychisch gut geht. Mit dieser Übung versuchen wir, in einen veränderten Bewusstseinszustand zu kommen und mit unserem Astralkörper oder unserer Astralaura an andere Orte gehen zu können. Im Grunde lernt man, den Astralkörper vom physischen Körper bewusst zu trennen. Wenn dies gelingt, kann man sich von einem Ort zum anderen bewegen. Die beiden Körper bleiben aber durch die Silberschnur miteinander verbunden. Letztlich gehen wir jede Nacht auf die Astralebene und wandern dort umher. Dies geschieht auf unbewusste Weise. Mit dieser Übung lernen wir jedoch, diesen Zustand bewusst herbeizuführen. Die Übung wurde in Amerika intensiv erforscht und von sogenannten PSI-Agenten angewendet. Die PSI-Agenten betreiben unter anderem *Out-of-Body*-Spionage für die Regierung. Man kann die Astralwanderung aber auch für andere Dinge verwenden. Oft hört man von *Erleuchteten*, die an mehreren Orten gleichzeitig erschienen sind oder sich an mehreren Orten gleichzeitig befinden. Dies sind typische Phänomene für Astralwanderungen, da die Erleuchteten oder fortgeschrittenen Meister den Astralkörper sichtbar machen und dadurch an diversen Orten erscheinen können. Im Normalfall sind wir froh, wenn wir es schaffen, die bewusste Trennung zwischen Astralkörper und physischem Körper zu vollziehen. Ziel der Übung ist es nicht, dich an anderen Orten dieser Erde sichtbar zu machen, sondern dass du die Orte mit deinem Astralkörper besuchen kannst. Du musst dir auch keine Gedanken machen, dass dir das passieren könnte. Die Einzigen, die dich bei einer Astralwanderung beobachten können, sind deine Geistführer und andere Freunde aus der Geistigen Welt, aber auch Menschen, die stark hellsichtig sind, können deine *Out-of-Body*-Erfahrung beobachten. Zu deiner Sicherheit: Du brauchst keine Angst zu haben, dass du nicht mehr zum Körper zurückfindest oder dass du in der Astralwelt verloren gehen könntest. Dies kann nicht passieren, denn du bist durch die Silberschnur immer mit deinem Körper verbunden. Gib acht, dass du während deiner Reise nicht durch laute Geräusche bei deiner Meditation gestört wirst. Dies könnte einen Schock auslösen und wäre sowohl für deinen Astralkörper als auch für deinen physischen Körper nicht gesund. Schalte Handy, Telefon und Haustürklingel aus, und schaue, dass du für mindestens zwei Stunden ungestört bist. Geh vor der Übung auf die Toilette, damit du nicht wegen eventuellen Blasendrucks in deinen Körper zurückgehen musst. Ich kann hier nur zeigen, wie du es schaffst, aus dem Körper zu gehen. Wenn dir dies gelingt, kannst du selbstständig versuchen, an diverse Orte zu gehen. Besuche zum Beispiel einen eingeweihten Freund und schaue, was er gerade macht, damit hast du gleichzeitig klare Beweise dafür, dass du ihn besucht hast. Schaue, welches Buch er gerade liest oder was er im Fernsehen ansieht oder womit er sonst beschäftigt ist. Wichtig bei dieser Übung ist es, dass du dir sicher bist, wirklich eine Astralwanderung zu machen und nicht nur eine Phantasiereise. Lass dir dabei Zeit! Hilfreich bei dieser

Übung ist spezielle Musik. Ich arbeite bei solchen Experimenten gerne mit Hemi-Sync-Musik, die speziell von The Monroe Institute für *Out-of-Body*-Erfahrungen entwickelt wurde. Spezielles Rauschen verändert deine Gehirnaktivität und hilft dir, schneller in veränderte Bewusstseinszustände zu kommen. Falls du mit dieser Musik experimentieren möchtest, solltest du unbedingt nur mit original Hemi-Sync arbeiten. Lass uns jetzt zu der Übung gehen. Es ist von Vorteil, diese Übung auswendig zu lernen oder sie auf Band zu sprechen. Lass aber genügend Zeit zwischen den einzelnen Übungsteilen, solltest du die Übung mit einer Gruppe machen. Es ist wichtig, dass niemand unter Zeitdruck ist und alle Übung mit Meditationen haben. Darüber hinaus kann es für diese Übung von Vorteil sein, sich flach auf den Boden zu legen, was ich normalerweise bei Meditationen ja nicht empfehle.

Meditation

Atme die nächsten fünf bis sieben Minuten sehr schnell durch den Mund ein und aus. Es kann sein, dass dir durch diese Atmung schwindlig wird, da du hyperventilierst. Dies ist aber normal und kein Grund zur Sorge, wenn deine Gesundheit nicht angeschlagen ist. Du kannst diese Phase auch um maximal 25 Minuten verkürzen oder verlängern. Atme mit geschlossenen Augen! Horch dabei ganz intensiv auf deinen Atem! Nimm das Geräusch richtig wahr! Hör nach mindestens fünf Minuten mit dem schnellen Atmen auf! Achte und nimm wahr, wie du ganz schnell immer tiefer sinkst. Stelle dir vor, wie du beim Ausatmen immer tiefer und tiefer in einen veränderten Bewusstseinszustand sinkst. Nimm wahr, wie dein Körper immer mehr und mehr in den Boden sinkt. Dein Körper ist mit dem Boden schwer und fest verankert. Lass dir für diesen Abschnitt etwa 10 bis 20 Minuten Zeit, bis deine Gedanken ganz ruhig sind.

Sobald du soweit bist, nimm wahr, wie dein Astralkörper langsam nach oben steigt bzw. schwebt und sich von deinem physischen Körper löst. Bei den ersten Übungen passiert es oft, dass man wieder in den bewussten Zustand zurückfällt, sobald man das Loslösen bemerkt, und der Astralkörper sich mit dem Körper verbindet. Wichtig ist dabei, dass du versuchst, diesen Prozess zwar wahrzunehmen, aber ihn nicht mit klaren Gedanken zu verfolgen. Das ist äußerst schwierig. Es kann gut sein, dass du dafür 30 bis 60 Mal üben musst, bis die Trennung stattfinden kann, ohne dass du sofort wieder in den Körper zurückgezogen wirst. Sobald du merkst, dass dein Astralkörper vom physischen Körper getrennt ist, versuche, dich mit deinem Astralkörper im Raum hin und her zu bewegen. Geh nach links, nach rechts, schwebe an die Decke deines Zimmers und wieder zurück auf den Boden. Wenn dir dies gut gelingt, erkunde mit deinem Astralkörper deine Wohnung, bedenke, dass du keinen physischen Körper hast, der Türen öffnen kann. Du musst also durch die Wand gehen. Ich lass dir jetzt ein wenig Zeit, damit du mit deinem Astralkörper umherwandern kannst. (Pause) Jetzt ist es Zeit, zurückzukehren. Bitte darum, langsam wieder in deinen Körper zurückkehren zu dürfen. Lass dir dafür Zeit! Nun kehrst du in den nächsten fünf bis zehn Minuten durch bewusstes langsames Atmen allmählich zurück und bist wieder fest mit deinem physischen Körper verbunden. Wichtig ist dabei, dir Zeit zu lassen und langsam in dein Alltagsbewusstsein zurückzukehren.

Bei den ersten Ausflügen empfehle ich nur kleine Erkundungstouren. Dehne mit der Zeit deine Wanderungen immer mehr aus! Achte später darauf, dass du klare Beweise für deine *Out-of-Body*-Erkundung mitnehmen kannst. Und es ist ganz wichtig, dass du immer genügend Zeit für diese Übung einplanst und wirklich nur sehr langsam wieder zurückkehrst. Diese Übung ist für Gruppen ideal. Dabei kann einer aus der Gruppe die Übung anleiten und die Gruppe führen. Am Schluss kann es spannend sein, sie zu reflektieren und sie zu besprechen. Auch fürs *Out of Body* gibt es sehr viele Übungsvarianten. Diese hier war nur eine von vielen. Eine andere Variante, die dir vielleicht besser liegt, ist folgende Übung.

Du musst dich bei dieser Übung auf einen Stuhl setzen: Atme zunächst fünf bis sieben Minuten sehr schnell durch den Mund ein und aus. Es kann sein, dass dir durch diese Atmung schwindlig wird, da du eventuell hyperventilierst. Dies ist normal und kein Grund zur Sorge. (Siehe Anmerkungen oben!) Mach diese Atemübung mit geschlossenen Augen. Hör ganz intensiv deinem Atem zu! Nimm die Geräusche richtig wahr! Hör nach mindestens fünf Minuten mit dem schnellen Atmen auf! Nimm wahr, wie du ganz schnell immer tiefer sinkst. Stelle dir vor, wie du beim Ausatmen immer tiefer und tiefer in einen veränderten Bewusstseinszustand sinkst. Stelle dir nun vor, dass dein Astralkörper immer schwerer und schwerer wird. Mit jedem Atemzug löst sich dein Astralkörper ein Stück weit mehr von deinem physischen Körper. Es kann sein, dass du plötzlich ein Schaukeln fühlst oder dass dein Energiekörper zu zittern beginnt und dass du auf einmal das Gefühl hast, du seiest mit deinem Körper durch den Stuhl hindurchgefallen. Doch ist dies nur dein physischer Körper gewesen. Bei den ersten Übungsversuchen kann es passieren, dass sich dein Astralkörper wieder mit dem Körper verbindet (wie oben!).

Sobald du merkst, dass dein Astralkörper vom physischen Körper getrennt ist, versuche, dich mit deinem Astralkörper im Raum hin und her zu bewegen. Geh nach links, dann nach rechts, schwebe an die Decke deines Zimmers und wieder zurück auf den Boden! Wenn dir das schon gut gelingt, erkunde deine Wohnung mit deinem Astralkörper, bedenke, dass du keinen physischen Körper hast, der Türen öffnen kann, du musst also durch die Wand gehen.

Ich lass dir jetzt ein bisschen Zeit, damit du mit deinem Astralkörper umherwandern kannst (Pause). Lass dir dafür Zeit! Nun kehrst du in den nächsten fünf bis zehn Minuten durch bewusstes, langsames Atmen allmählich zurück und bist wieder fest mit deinem physischen Körper verbunden. Wichtig ist dabei, dir Zeit zu lassen und langsam in dein Alltagsbewusstsein zurückzukehren.

Übung 62: *Remote Viewing* ***

Remote Viewing ist auf den ersten Blick leicht mit einer Astralwanderung oder *Out of Body* zu verwechseln. Bei beiden Übungen kann man Orte aus der Ferne wahrnehmen, doch bei der Astralwanderung ist man mit dem Astralkörper wirklich dort und bei *Remote Viewing* sieht man mit den Hellsinnen nur die Dinge, die an dem Ort vorgehen. Bei beiden Übungen kann man zum Beispiel per Astralwanderung an einen unbekannten Ort gehen, sich diesen Ort merken und ihn zeichnen, dann kann man den Ort physisch besuchen und überprüfen, was man richtig gesehen hat und was falsch war. Beim *Remote Viewing* löst man den Astralkörper nicht vom physischen Körper, sondern dehnt seine Hellsinne an den Ort aus und versucht, den Ort mit den Hellsinnen zu erfassen. Bei der nächsten Übung gibt es auch verschiedene Möglichkeiten. Spannend dabei ist, dass die Übung in der Gruppe durchgeführt wird.

Wir haben im Grund genommen, schon eine *Remote-Viewing*-Übung durchgeführt, wenn wir zum

Beispiel ein Hotel für die Ferien oder die Wohnung eines Klienten anschauen. Dies ist genauso *Remote Viewing*. Wichtig ist dabei, dass alle in der Gruppe denselben Ort besuchen, und zwar nach Möglichkeit einen Ort, der allen Teilnehmern unbekannt ist: Du kannst zum Beispiel bei dieser Übung einen Urlaubsort nehmen, den einer der Teilnehmer der Übungsgruppe demnächst besuchen will. Wichtig ist dabei, dass alle den genauen Ort kennen, zum Beispiel *Hotel Atlantis* in Sankt Petersburg. Nun stimmt sich die Gruppe auf diesen Ort ein, und jeder macht sich Notizen, was er wahrnehmen kann. Die Gruppe sollte sich für diese Übung Zeit lassen, sie kann zwischen 20 und 60 Minuten dauern, je nachdem, ob die Gruppe bereits Erfahrung hat. Sobald die Übung beendet ist, sollten die Gruppenmitglieder reflektieren, was sie gesehen haben. Dabei können je Erfahrung in der Gruppe viele Dinge auftauchen, die sich widersprechen oder nicht miteinander übereinstimmen. Die Gruppe sollte jedoch sorgfältig alle Informationen suchen, die alle Teilnehmer oder zumindest der größte Teil der Gruppe in gleicher Weise gesehen hat. Im nächsten Schritt muss die Gruppe so lang warten, bis der Urlaub der Person zu Ende ist, die den Urlaubsort tatsächlich besucht hat und die dann sagen kann, was an der Wahrnehmung in der Gruppe stimmte und was nicht. Je genauer ein Ort beschrieben werden kann, desto hilfreicher ist dies für die nächste Übung.

Übung 63: *Versteckte Gegenstände aufspüren oder vermisste Personen bzw. Tiere finden* ***

Auch für diese Übung braucht man das *Remote-Viewing.* Die Übung ließe sich auch mit Astralwanderung durchführen. Doch dürfte sie dann für die meisten Menschen zu schwierig sein. *Remote-Viewing* hat bei dieser Übung den Vorteil, dass du im Wachzustand mit deiner Sensitivität arbeiten kannst. Du kannst diese Übung überall durchführen und musst auch nicht absolute Ruhe haben. Versteckte Gegenstände oder gar Leichen zu finden ist wesentlich einfacher als vermisste Personen oder Tiere, und dies hat einen einfachen Grund: Versteckte Gegenstände oder Leichen bewegen sich in der Regel nicht mehr. Die Chance, eine verschwundene Katze zu finden, ist jedenfalls wesentlich geringer. Ich wurde früher wiederholt angerufen, wenn eine Katze verschwunden war. Es gelang mir auch häufig, die genaue Ortsbeschreibung einer Katze zu geben, die irgendwo frei herumschlich und die ich mit meinen Hellsinnen schaute, vorausgesetzt, der Katzenbesitzer konnte aufgrund meiner Beschreibung den Ort erkennen. Dann jedenfalls fand er es so vor, wie ich es beschrieben hatte. Dagegen war die Katze aber schon wieder weg, da das Tier ja nicht wartete, bis der Besitzer es abholte. Auch bei vermissten Personen ist es oft so, dass sich die Person bewegt oder an unterschiedliche Orte gebracht wird, zum Beispiel bei einer Entführung. Da ist es dann unglaublich schwierig, die Person zu finden. Auch muss man den Ort genau erkennen. Bei verschwundenen Tieren ist es in der Regel einfacher, weil sich das gesuchte Tier meist im Umkreis des Wohnortes aufhält, und wenn man dann die Straßen zu beschreiben beginnt, erkennt der Tierhalter meistens sofort den Ort. Verschwundene Personen halten sich oft im Ausland oder an einem dem Klienten unbekannten Ort auf. Dadurch wird der Suchende mit der Beschreibung auch nicht viel anfangen können, da dir ja nicht genau gezeigt wird, in welchem Land und in welcher Straße sich der Vermisste aufhält. Oft gleichen die Bilder, die du mit deiner Hellsichtigkeit empfängst, den Bildern, die man in nahezu jeder Großstadt oder auch an anderen Orten der Erde findet. Daher musst du auf ein anderes Hilfsmittel zurückgreifen. Ich erkläre die Übung daher mit einem verschwundenen Gegenstand in einem Haus. Diese Übung kann sowohl allein als auch in einer Gruppe durchgeführt werden:

Einer aus deiner Gruppe versteckt einen Gegenstand bei sich im Haus und bringt zum nächsten Zirkel- oder Gruppentreffen einen Hausplan für jedes Gruppenmitglied mit. Nun stimmen sich alle auf das Haus ein und lassen sich durch die Hellsinne zu dem Gegenstand führen. Es kann sein, dass dich deine Hellsinne sogleich auf einen Raum im Haus aufmerksam machen und dass du mit deinen Hellsinnen sofort klare Bilder von der Küche bekommst, von einem Küchenschrank mit drei Türen und drei Ablagen. Auf der zweiten Ablage siehst du beispielsweise den versteckten Gegenstand. Nun wird hinterher der ganze Vorgang in der Gruppe aufgelöst, und die Gruppe sieht sich die Gemeinsamkeiten an und bespricht sie.

Warum sind solche Übungen in der Gruppe sinnvoll? Wenn es sich um eine Gruppe handelt, die oft zu denselben Ergebnissen kommt oder sich vielleicht sogar ergänzt, dann kann man dieses Talent später nutzen, um zum Beispiel zu helfen, Kriminalfälle aufzudecken oder vermisste Personen zu finden. Wenn ich für solch spezielle Fälle gebucht werde, arbeiten wir mindestens zu zweit oder auch zu dritt.

Wichtig ist dabei, dass du den anderen absolut vertrauen kannst. Nicht immer zeigen dir aber deine Hellsinne, wo sich der Gegenstand genau befindet, oder du kannst ihn nicht sofort wahrnehmen. Dann kann man seine Hand zu Hilfe nehmen, wie ich es in Übung 31 *Vermisste Personen finden* schon beschrieben habe. Die Übung zeigt, dass eine Gruppe enorm unterstützend sein kann.

Arbeit mit der Polizei

Wie du sicher bei einigen Übungen schon gemerkt hast, kann man die Sensitivität nicht nur für die Lebensberatung und Standortbestimmung nutzen, sondern auch für die Klärung von Verbrechen oder ungeklärten Fällen der Polizei. In Amerika und England bittet die Polizei häufig sensitive Berater um Unterstützung bei der Aufklärung von Verbrechen. Auch in der Schweiz geschieht dies immer häufiger. Doch gehört diese Art der Verbrechensbekämpfung sicher noch nicht zum Polizeialltag. Ich möchte allerdings ausdrücklich darauf hinweisen, dass es unheimlich schwierig ist, mit den Hellsinnen Verbrechen aufzuklären, da es viele Faktoren gibt, die für einen Sensitiven nicht leicht zu berücksichtigen sind. Als Sensitiver muss man sich fragen, ob man dies machen möchte. Ich würde es mir jedenfalls sehr gut überlegen. Ich persönlich habe allerdings schon mehrmals das Glück gehabt, mit der Polizei zusammenarbeiten und bei der Aufklärung von Mordfällen oder beim Auffinden von Leichen helfen zu dürfen. Gerade am Anfang meiner Tätigkeit war ich ganz begeistert, dass man mir soviel Vertrauen entgegenbrachte. Doch bald merkte ich, dass diese Arbeit für mich als Sensitiver auch gefährlich sein kann. Es ist zum Beispiel sehr schwer, die Bilder, die man hellsichtig empfangen hat, wieder loszuwerden. Das verlangt einerseits eine sehr starke Psyche, und andererseits kann man nur sehr schwer damit umgehen, wenn man bei einem Fall nicht helfen konnte. Meist sind die Fälle, bei denen die Polizei nicht weiterkommt und einen Sensitiven hinzuzieht, äußerst verzwickt und schwierig. Deswegen greift die Polizei ja auf den *Notnagel* sensitiver Berater zurück. Oft liegen die Fälle zwischen 5 und 15 Jahren zurück. Ich bekam noch nie eine Anfrage zu einem aktuellen Fall, sondern immer zu Fällen, die ganz weit zurückliegen. Das heißt nicht, dass die Fälle unlösbar wären. Ich konnte jedoch stets durch Hinweise oder klare Aussagen dazu beitragen, dass ein Fall ganz oder auch teilweise aufgeklärt wurde.

Die folgenden Tipps solltest du beachten, wenn du zu einer Verbrechensaufklärung hinzugezogen wirst. Dränge dich niemals auf! Überlasse es der Polizei oder auch Angehörigen von Verbrechensopfern, bei dir anzufragen. Spiele nicht den Hobby-Agenten, sondern biete deine Hilfe wirklich nur dann an, wenn du mit klaren Fakten aufwarten kannst. Es ist ein Vorteil, direkt mit der Polizei zusammenzuarbeiten. Du darfst auf keinen Fall etwas auf eigene Faust unternehmen. Dies kann sogar sehr gefährlich sein. Überleg dir bei jedem neuen Fall das genaue Vorgehen! Frage dich: Wie möchte ich arbeiten, um den Fall zu lösen? Brauchst du zum Beispiel Fotos, Karten oder andere Hilfsmittel, dann sorge dafür, dass sie dir zur Verfügung stehen! Bereite dich gut auf den Fall vor, obschon man dies im Grunde genommen gar nicht kann. Man kann nur selten seine Sensitivität trainieren, um Verbrechen aufzuklären. Daher ist es gut, wenn du deine Sensitivität so breit wie möglich trainierst, falls du dein Talent nicht nur für Standortbestimmungen und Lebensberatung nutzt. Ich hatte neun Jahre intensives Training hinter mir, als ich mich zum ersten Mal an Spezialfälle gewagt habe, und ich bin sehr froh darüber, dass ich so lange damit gewartet habe. Wenn du für die Polizei arbeitest, dann lass dir dies von der Polizei schriftlich bestätigen, da du immer wieder einmal von Menschen angegriffen wirst, die sagen, du würdest diese Arbeit für deine Werbung missbrauchen. Sie ist unbestritten eine sehr gute Werbung, und es unterstreicht deine Glaubwürdigkeit, wenn sogar Behörden auf dich aufmerksam werden und auf deine Dienste zurückgreifen. Ich würde so eine Arbeit allerdings niemals nur wegen der Werbung machen. Vielmehr sollte der Dienst am Menschen im Vordergrund stehen. Und noch etwas solltest du beachten: Rede niemals in der Öffentlichkeit über die Fälle, es sei denn, die Polizei oder die Angehörigen haben dir dies ausdrücklich erlaubt.

Manchmal kann es Monate dauern, bis der Verbrecher gefasst wird. Zum Zeitpunkt der Abfassung des Buches erlebte ich gerade so einen Fall. Ich hatte im Dezember 2009 bei einem Mordfall mit der Polizei zusammengearbeitet. Mich hatte anfänglich eine Kollegin unterstützt. Wir waren an verschiedenen Tatorten, und an einem wurden wir von einem Verdächtigen per Videoüberwachung gefilmt. Trotz äußerst genauer Täterbeschreibung – ich konnte mit meinen Hellsinnen sogar einen Namen ermitteln – dauerte es noch sieben Monate, bis der Täter festgenommen werden konnte, da die Polizei zuerst einmal alle Hinweise überprüfen musste, die sie von uns bekam, und dann Beweise für unsere Aussagen sammeln musste. Vor Gericht haben unsere Wahrnehmungen keinerlei Bedeutung oder Beweiskraft.

Während der Zeit, in der die Ermittlungen laufen, kommt es immer wieder vor, dass ich nicht sehr gut schlafen kann, weil man nie sicher sein kann, ob nicht ein Verbrecher vor seiner Festnahme erfahren hat, dass ich der Polizei half, den Fall aufzuklären. Ich kann aber auch sagen, dass ich bisher immer mit Polizeibeamten zusammenarbeiten konnte, die mir gegenüber sehr nett waren, mich zum Teil sehr kritisch unter die Lupe genommen haben, aber mich immer ungeheuer unterstützt haben. Mir gefällt an dieser Arbeit ganz besonders, dass man wirklich helfen kann und dabei die verrücktesten Dinge erlebt. Falls du zum Beispiel merken solltest, dass dir besonders liegt, mit deinen Hellsinnen Verbrechen aufzuklären oder vermisste Personen zu finden, dann trainiere dieses Talent so gut es geht und versuche, dass du mit den Behörden zusammenarbeiten kannst. Nach Möglichkeit sollte dies ganz offiziell geschehen, da es nur sehr wenige Sensitive gibt, die diese Arbeit wirklich gut beherrschen. Zum Glück gibt es in der Schweiz nicht so viele Fälle, bei denen man als Sensitiver helfen kann, da die allermeisten Fälle auf normalem Weg geklärt werden. Für uns aber hat es den Nachteil, dass wir diesen Bereich zum einen nicht so gut trainieren können und zum anderen mit Aufgaben konfrontiert werden, die uns bisher ziemlich fremd waren. Somit ist auch klar, warum nicht jeder Fall mit der Sensitivität gelöst werden kann. Viele Menschen, die nicht wissen, wie Sensitivität funktioniert, sagen: »Wenn du wirklich Hellseher bist, musst du doch wissen, wie dieses oder jenes passiert ist.« Ich versuche dann immer zu erklären, dass ich nur das mit meinen Hellsinnen wahrnehmen kann, was ich trainiert habe und ich nicht einfach *alles* sehen könne! Dass die Wahrnehmung mit den Hellsinnen wie eine Fremdsprache ist, die man trainieren muss, damit man sie verstehen kann und dass ich nicht einfach eine Sprache sprechen kann, auch wenn ich eine besondere Sprachbegabung (= sensitives Talent) mitbringe. Ich prüfe und überlege auch vor jedem Auftrag, den ich bekomme, ob ich das Problem lösen kann oder ob es zumindest möglich wäre. Manchmal kommen zu mir Klienten mit völlig unlösbaren Aufträgen. Viele lehne ich auch aus Prinzip ab, weil ich keinen Sinn darin sehe.

Immer vor Weihnachten kommen oft ganz viele Menschen, die nicht mehr wissen, wo sie die Weihnachtsgeschenke versteckt bzw. verlegt haben. Solche Aufgaben empfinde ich als sinnlos. Auch ist es für mich schwierig, solche Fälle angemessen abzurechnen. Meine Polizeiarbeit rechne ich prinzipiell nicht ab. Es reicht mir, wenn meine Spesen und Auslagen bezahlt werden. Konnte ich den Fall klären und man bezahlt mich dafür, finde ich das auch in Ordnung. Doch gerade bei einem Mordfall kann es gut sein, dass man damit zwischen 30 und 250 Stunden beschäftigt ist. Diesen Aufwand kann niemand bezahlen. Dann kommen Menschen zu mir, die 25,00 Franken verloren haben, und bitten mich, ihnen zu helfen, das Geld zu finden. Denen sage ich dann, dass meine Dienstleistung teurer kommt als der Verlust von 25,00 Franken. Die Frage des Honorars muss man in solchen und in speziellen Fällen einzeln prüfen. Normalerweise aber bin ich für feste Preise, die die Klienten für eine Sitzung bezahlen müssen. Mehr dazu auf Seite 210 ff.

Ethik und seriöse Ausbildung

Ich bin mir bewusst, dass man niemand Ethik beibringen kann und dass nahezu jeder Mensch seine eigene Ethik hat. Dazu einige Anmerkungen. Es steht jedem frei, wie er mit diesen Anmerkungen umgeht. Wenn sie für dich stimmig sind, umso besser, wenn nicht, ignoriere sie einfach. Jeder trägt für sein Handeln selbst die Verantwortung. Mir jedenfalls ist es wichtig, dass ich sie in diesem Buch erwähne: Gib nicht zu schnell professionelle sensitive Beratungen! Lass dir Zeit, dein Talent richtig zu schulen! Mit diesem Buch kannst du dir vieles aneignen. Doch mir ist sehr wohl bewusst, dass man es ohne kompetenten Lehrer nicht oder kaum schaffen kann, sensitiver Berater zu werden. Daher kann ich dir nur raten, solltest du sensitive Beratungen anbieten und deine Hellsinne nicht nur für dich persönlich nutzen wollen, eine Ausbildung zu besuchen. Achte auch bei der Ausbildung darauf, dass du sie nicht zu schnell auswählst und durchläufst. Zu schnelles Handeln ist ein absolut falscher Weg, seine übersinnlichen Fähigkeiten auszubilden. Zu schnell driftet man dann in Phantasiewelten ab, verliert unter Umständen den Boden. Wir brauchen in Zukunft viele sensitive Berater und auch Medien, die von der Gesellschaft akzeptiert und ernst genommen werden. Ich wünsche mir, dass du dazugehörst. Du besitzt nämlich die besten Voraussetzungen und Chancen dafür. Aber nimm dir einfach ausreichend Zeit. Die edle Absicht allein reicht dafür allerdings nicht. Trainiere hart, und du wirst dafür viel zurückbekommen. Achte auch darauf, dass du deine Sensitivität nicht dazu missbrauchst, andere damit zu beeindrucken oder in ihnen zu lesen, ohne dass du darum gebeten wurdest. Wenn du üben möchtest, dann frage vorher, ob dir dies erlaubt ist. Studierst du die Aura einer Person, ohne diese zu fragen, dann müssen die Informationen, die du erhalten hast, bei dir bleiben! Dies ist wichtig! Bedenke immer, du möchtest auch nicht, dass persönliche Dinge über dich herumerzählt werden. Versuche nicht, den *Erlöser* der Welt zu spielen. Viele Schüler möchten gerade am Anfang ihrer Ausbildung den Leuten in ihrem Umfeld helfen und beginnen zu missionieren oder den anderen gar vorzuschreiben, was gut und was schlecht für sie ist. Meist erntest du für unerbetene Ratschläge keine Freude, sondern das Gegenteil. Bleib, wie du bist und wer du bist! Egal, ob deine Hellsinne trainiert sind oder nicht. Mach dir immer wieder bewusst, dass du kein Übermensch oder ein besserer Mensch bist als die anderen. Es ist dein Talent, mit dem du mehr wahrnimmst als andere. Du bist daher nicht mehr, aber auch nicht weniger. Biete deine Hilfe, deine Hand an, aber dränge niemand dazu, dass er deine Hilfe in Anspruch nimmt. Achte beim Üben und vor allem in der Beratung immer auf deine Worte! Sie sollten motivierend und aufbauend sein, nicht zerstörend. Das ist – wie ich aus eigener Erfahrung weiß – nicht immer leicht, weil du vielleicht auch Klienten hast, die nicht verstehen oder sehen wollen, dass sie die Probleme allein und selbstständig lösen müssen, dass du den Klienten nur einen Weg zeigen kannst. Den Weg gehen müssen sie jedoch selbst. Manche Klienten können wirklich anstrengend sein und möchten, dass du ihre Probleme für sie löst. Das kannst du nicht! Sei geduldig und höflich! Solltest du einmal keinen guten Tag haben, oder solltest du merken, dass du einem Klienten keine gute oder liebevolle Sitzung geben kannst, dann entschuldige dich, gib dem Klienten das Geld zurück und breche die Sitzung ab. Gib nie eine Sitzung, bei der für dich etwas nicht stimmt oder bei der es dir nicht gut geht. Bedenke, dass du für alles, was du sagst, die volle Verantwortung trägst. Achte deshalb darauf, dass der Klient wirklich verstanden hat, was du ihm sagen möchtest! Schweig, wenn du das Gefühl hast, schweigen zu müssen! Ich persönlich sage in einer Sitzung nie alles, was ich sehe, weil ich es nicht verantworten könnte. Es gibt immer wieder Klienten, die sagen: »Du kannst mir alles sagen! Alles, verstehst du! Ich kann damit umgehen!« Und ich erwidere dann: »Ich werde dir alles sagen, was ich verantworten kann! Nur das werde ich sagen!« Bedenke auch, dass deine Aussagen – gerade wenn jemand wegen Beziehungsproblemen zu dir kommt – eine Beziehung bzw. sogar eine ganze Familie zerstören können. Zeige vielmehr die Situation so auf, wie sie für den Klienten ist, aber sage nie: »Das hat keinen Sinn! Das wird nicht mehr besser!« Wenn du gefragt wirst, ob der Partner oder die Partnerin des Klienten fremdgeht, dann überlege gut, ob du darauf antworten kannst! Du wirst, falls du mit Ja antwortest, Misstrauen säen oder gar die Familie zerstören! Antworte daher besser nicht! Antworte auch nie auf Fragen nach Missbrauch etc. Leider kommen zu mir immer wieder Klienten in die Praxis, denen von Möchtegern-Therapeuten gesagt wird, sie seien missbraucht worden. Gerade in Therapien oder bei Familienaufstellungen kommt dies sehr oft vor. In 90 % der Fälle, die ich hellsichtig überprüfe, treffen solche Aussagen nicht zu. Sie sind häufig nur eine schnelle Erklärung. Selbst wenn ich den betreffenden Klienten frage, ob er sich daran erinnern könne, verneint er in der Regel. Viele brechen aber nach einer solchen Aussage die Beziehung zur Familie oder zu der Person ab, was ich auch verstehen kann. Es gibt wohl nichts Schlimmeres für einen Menschen als des Missbrauchs beschuldigt zu werden. Vor allem, wenn solche Aussagen von einem schlecht oder nur unzureichend ausgebildeten Therapeuten kommen. Ich rede nie über Missbrauch. Wenn ich das Gefühl habe, dass ich Missbrauch wahrnehme, dann spreche ich nur darüber, wenn mein Klient direkt von dem Missbrauch erzählt, das heißt, wenn er schon darum weiß und wenn er sicher ist, dass der Missbrauch auch passiert ist. Du solltest auch keine Aussagen über die Gesundheit eines Menschen machen. Aussagen darüber sind in den meisten Ländern sogar verboten. Bedenke, dass man viele Krankheiten in der Aura bereits sehen kann, bevor sie sich überhaupt manifestieren. Somit könntest du aber den Samen für eine Krankheit säen, von der der Betreffende noch gar nichts spürt. Wenn du bei deinem Klienten eine Krankheit ansprichst, dann schwirrt sie ihm ständig im Kopf herum und macht ihm große Angst. Auch wenn die Krankheit sonst gar nicht ausgebrochen wäre, kann es sein, dass sie aufgrund seiner Angst letztlich doch noch ausbricht. Ich empfehle auch, keine Aussagen über dritte Personen zu machen. Ich persönlich möchte auch nicht, dass irgendein sensitiver Berater Dinge über mich erzählt, die niemand etwas angehen. Ich habe zum Beispiel gegenüber einem Ehemann oder einer Ehefrau niemals erwähnt, dass der Partner, wenn er nicht anwesend war, fremdgeht, selbst wenn ich es klar gesehen habe. Stell dir vor, der Klient würde sich aufgrund der Sitzung bei dir von seinem Partner trennen. Vielleicht sind auch noch Kinder im Spiel. Somit würde meine Aussage eine ganze Familie zerstören. Ich appelliere hier für Fingerspitzengefühl.

Ich würde den Klienten vielmehr ermutigen, mit offenen Karten zu spielen und den Partner direkt auf mögliche Konflikte anzusprechen. Oft ist ein Liebhaber oder Liebhaberin ja nur das letzte Glied eines langen Prozesses, der in einer gescheiterten Beziehung endet. Ich würde mit dem Klienten die Grundprobleme anschauen und Wege aufzuzeigen versuchen, wie sich die beiden wieder finden oder schauen, was für den Klienten besser ist, als mit Enthüllungen aufzuwarten.

Es werden auch Menschen in deine Beratung kommen, die Informationen über Dritte erhalten möchten. Ich habe es schon erlebt, dass Schwiegereltern wissen wollten, ob der Zukünftige ihrer Tochter Geld hat oder nicht. Oder es kamen Eltern zu mir, die erfahren wollten, was ihre erwachsenen Kinder machen. Ich denke, dass man hier gut aufpassen muss, wenn die erwachsenen Kinder zum Beispiel mit den Eltern nicht mehr reden oder zu ihnen keinen Kontakt mehr haben, dann hat dies einen Grund. Hier würde ich helfen, den Konflikt zu lösen und nicht die Neugierde der Klienten zu befriedigen. Vielleicht war diese Neugierde auch ein Grund, warum die Kinder keinen Kontakt mehr zu den Eltern wünschen. Bei Kindern, die noch bei den Eltern wohnen, gebe ich mitunter schon Informationen an die Eltern weiter, aber auch hier überlege ich mir sorgsam, welche Informationen ich den Eltern gebe. Bei Aussagen über Dritte muss man immer abwägen und lieber einmal sagen: »Es tut mir leid, aber ich kann Ihrer Bitte nicht nachkommen!« Stelle auch keine Zukunftsprognosen, helfe vielmehr den Menschen dabei, ihr Schicksal selbst zu bestimmen und in die Hand zu nehmen. Schaffe keine Abhängigkeit durch Angst oder Zukunftsprognosen. Wenn du spürst, dass ein Klient von dir abhängig zu werden droht, dann gib ihm keine Sitzung mehr. Mehr als zwei Beratungen pro Jahr an denselben Klienten empfinde ich als unseriös. Wenn du dein Handwerk verstehst, kannst du einen Klienten in 30 Minuten mit so vielen Informationen versorgen, dass er zunächst einmal für ein Jahr genug hat. Ab und zu kann es sein, dass mehr Beratungen sinnvoll sind, zum Beispiel wenn jemand in einer Ausnahmesituation ist. Doch auch dann solltest du darauf achten, dass dein Klient von dir nicht abhängig wird.

Achte zum Schluss darauf, dass du immer Freude an deiner Arbeit hast. Das ist am allerwichtigsten. Sei positiv und voller Freude. Erkenne deine Grenzen, und traue dich, sie auch einzugestehen. Sag auch einem Klienten einmal: »Das weiß ich nicht.« Oder: »Das kann ich nicht sehen!« Sei immer ehrlich zu dir selbst! Das ist sehr wichtig. Gib die Sitzungen so, als ob du sie dir selbst geben würdest! Dann kann nichts schiefgehen. Es ist ganz normal, dass du immer wieder einmal an dir und deinen Fähigkeiten zweifelst. Selbstzweifel sind auch positiv. Sie bewirken, dass du auf dem Boden bleibst, und zeigen, dass du mit gesundem Menschenverstand an die Sache herangehst. (Erich Fried sagte: *Zweifle nicht an einem Menschen, der sagt, er habe Angst. Aber habe Angst vor einem Menschen, der sagt, er kenne keinen Zweifel!*). Doch lasse dich von deinen Zweifeln nicht aufhalten. Nutze sie, um sie zu überwinden und den Glauben an dich zu stärken! Auch ich habe immer wieder Zweifel an mir und meinen Fähigkeiten. Obwohl ich schon Jahre mit meiner außersinnlichen Wahrnehmung arbeite und viele Tausend Beweise für die Echtheit bekommen habe. Zweifel gehören einfach zu unserer Arbeit. Ich wünsche dir das Beste und viel Spaß!

Der Beratungsraum

Ich persönlich bevorzuge es, wenn der Beratungsraum so neutral wie möglich gestaltet ist. Verzichte während der Beratung auf Räucherwerk oder Räucherstäbchen. Es gibt viele Menschen, die dies nicht mögen oder bei denen ein solches Beiwerk eher negative Auswirkungen hat. Benutze lieber einen Duftspray oder ein Aromaöl, wenn du einen bestimmten Duft möchtest. Aber auch dieser sollte dezent sein. Hier ist weniger manchmal einfach mehr. Wir reagieren nämlich sehr stark auf Düfte. Achte darauf, dass die Wände neutral sind, gerade bei Auraberatungen, damit du die Aura gut sehen kannst. Auch Fotos oder Bilder sind eher störend, weil dadurch unter Umständen der Klient während der Beratung abgelenkt wird. Ich bevorzuge einen Tisch und einen Laptop bei meinen Beratungen sowie ein

Aufnahmegerät. Ganz wichtig sind Taschentücher! Ich zeichne jede Sitzung auf und überreiche dem Klienten am Schluss der Beratung davon eine CD. So kann sich der Klient alles noch einmal in Ruhe zu Hause anhören. Das schätzen meine Klienten sehr, und mit den digitalen Möglichkeiten bedeutet eine solche Aufnahme keinen großen Aufwand. Es ist von Vorteil, nach einer Beratung ein persönliches Ritual zu finden, um den Beratungsraum zu *reinigen*. Ich gebrauche dieses Wort nicht gern, da es im Grunde falsch ist. Wenn wir zum Beispiel einen Streit mit dem Partner oder mit den Kindern hatten, kann die *Luft* in der Wohnung bzw. die Energie *zum Schneiden dick* werden, weil sich die Energie in der Wohnung absetzt. Oder wenn wir eingeladen sind und es wurde dort vorher gestritten, können wir dies bewusst oder unbewusst wahrnehmen. Da während einer Beratung bei deinem Klienten sicher auch viele Emotionen hochkommen, empfiehlt es sich, den Beratungsraum von den Energien zu befreien. Dies kannst du mit Räucherwerk oder mit speziellen Sprays machen. Auch Musik eignet sich sehr gut dazu. Wie du das machst, ist nicht so wichtig. Wichtig ist es, regelmäßig eine Reinigung durchzuführen. Ich öffne am Schluss oft das Fenster, manchmal auch zwischen zwei Sitzungen, dann stelle ich mir vor, wie die neue Luft die Energie des Raumes reinigt. Durch dieses bewusste Vorstellen reinige ich den Raum natürlich auch mit meinen Gedanken. Unsere Gedanken sind ja enorm kraftvoll.

Ich habe keine Angst vor dieser Energie, und ich bewerte sie nicht, sie ist weder schlecht noch gut, weder positiv noch negativ. Für mich ist es einfach verbrauchte Energie. In meinen Beratungsräumen gibt es auch einige Fotos meiner Vorbilder und Lehrer, die mir mit ihrer positiven Energie helfen, den Beratungsraum zu neutralisieren. Ich verwende reinigende Aroma-Öle oder – wie bereits erwähnt – Sprays und Musik. Wenn du von den Beratungen nach Hause kommst, empfehle ich dir, zuerst eine Dusche zu nehmen oder zumindest deine Kleider zu wechseln, da auch in diesen die Energie aller Menschen ist, mit denen du an diesem Tag zusammen warst. Wir kennen alle die reinigende Wirkung einer Dusche nach einem Tag unter Menschen. Sie hat in gewisser Weise eine befreiende Wirkung, und man fühlt sich anschließend wie neu geboren. Die Erklärung, warum dies so ist, ist einfach: Man reinigt im Grunde die Aura mit und befreit sich somit von fremden Energien. Allerdings möchte ich betonen, dass man vor fremden Energien keine Angst haben muss, auch wenn uns dies manche einzureden versuchen. Es ist absolut normal, dass wir Energien aufnehmen und abgeben, wenn wir uns unter Menschen oder an verschiedenen Orten befinden. Energie ist ständig in Bewegung. Doch davor brauchen wir wirklich keine Angst zu haben. Unsere Aura reinigt und regeneriert sich ständig selbst. Also wozu sollten wir nicht nachhelfen, wenn die Reinigung doch so einfach ist. Ideal sind auch Spaziergänge in der Natur, Schwimmen im Meer oder im See. Mir hilft es zum Beispiel sehr, mit meinem Hund spazieren zu gehen oder einfach nur mit ihm zu spielen. Dabei wird mein Kopf frei, und durch den Spaß nimmt meine Aura viel positive Energie auf. Oder ich treffe mich mit meinem besten Freund Pablo, und wir kickboxen zusammen. Auch dies hilft mir, mich mit der Erdenergie zu verbinden. Für mich ist dieser Ausgleich äußerst wichtig. Suche auch für dich etwas, was dir hilft, deinen Kopf zu entspannen, was dich erdet und dir wieder Energie gibt. Das kann Sport sein, tanzen, singen, malen, schreiben oder was auch immer. Es sollte dir einfach Spaß machen und guttun.

Kniffelige Frage: Honorar

Wenn du mit Beratungen beginnst, wirst du dir früher oder später auch Gedanken darüber machen müssen, ob und wie viel Geld du dafür verlangst. Ich kann dir nicht sagen, welches Honorar du verlangen sollst. Bedenke aber, wenn du ausschließlich von deiner Tätigkeit als sensitiver Berater leben möchtest, dass du auch ein angemessenes Stundenhonorar verlangen musst. Vielleicht hörst du auch immer wieder einmal den Einwand: »Gott hat dir diese Gabe geschenkt, und mit Gottes Gabe darf man kein Geld verdienen.« Es gibt sogar einige Heiler und Medien, die so etwas sagen. Doch bedenke: Erstens handelt es sich um ein Talent, und dieses Talent wurde uns nicht geschenkt. Wie alle Talente haben wir auch diese Fähigkeit in den vergangenen Inkarnationen und auch in diesem Leben immer wieder trainiert und geübt und uns weitergebildet. Keiner wacht eines Tages auf und ist einfach hellsichtig. Alle seriösen Sensitiven haben viel Zeit in ihre Ausbildung investiert, auch wenn sie das Talent schon in vergangenen Inkarnationen entwickelt haben. Ohne es zu trainieren geht es aber nicht. Und meistens hat jeder viel Geld in seine Ausbildung gesteckt. Daher ist es völlig klar, dass du für diese Arbeit Geld verlangen musst. Jedenfalls immer dann, wenn du seriös ausgebildet bist. Außerdem ist es auch wichtig, einen Ausgleich zu bekommen. Sonst könnte es unter Umständen passieren, dass die Klienten gewissermaßen Schuldgefühle bekommen und sich nicht mehr trauen in unsere Beratung zu kommen. Ich habe zum Beispiel eine interessante, aber gleichzeitig auch traurige Erfahrung gemacht: Am Anfang habe ich oft kostenlos gearbeitet. Wer wollte, konnte mir einfach eine Spende geben, je nachdem, was ihm die Beratung wert war. Ich hatte einfach Angst, wenn ich für meine Arbeit Geld nehmen würde, könnten mich die Leute als Scharlatan bezeichnen. Es war schon sehr interessant festzustellen, dass die Leute, die wirklich viel Geld hatten, kaum etwas gaben. Jene aber, die wenig Geld hatten, gaben mir dagegen viel. Dann nahm ich eine Zeit lang nur ein bescheidenes Honorar. Doch auch das bescheidene Honorar zog vorwiegend Leute an, denen das Honorar zu hoch war. Obendrein waren es vorwiegend

Leute, die gar nicht an sich arbeiten wollten. Das war für mich spannend zu beobachten. Auch weil ich mir offensichtlich selbst nicht mehr wert war als dieses bescheidene Honorar, zog ich auch noch Leute an, die sich selbst auch nichts wert waren. Hier kam ganz klar das Gesetz der Resonanz zum Tragen. Mein Lehrer sagte einmal: »Bist du dir nicht mehr wert als diesen Betrag? Ich kenne Leute, die können viel weniger als du, verlangen aber das Achtfache!« Ich begann, mir das Thema *Nichts-wert-zu-sein* näher anzuschauen. Darauf legte ich den für mich idealen Preis fest. Sehr interessant war nun, dass ich damit auch ganz andere Menschen anzog. Es kamen keine Leute mehr, die ständig gemeckert haben. Heute habe ich vorwiegend Menschen, die finden, dass die Beratung sehr günstig sei. Was ich damit sagen möchte: Such dir einen für dich idealen Preis, der für dich stimmt. Lass dich nicht durch Aussagen verunsichern, dass man für diese Fähigkeiten kein Geld verlangen dürfe. Jeder Mensch hat Talente, und die meisten, die ihr Talent zum Beruf gemacht haben, verlangen für ihre Arbeit Geld. Daher sollten auch wir unserer Berufung folgen und das machen, was uns mit Freude erfüllt, und nicht des Geldes wegen einem Beruf nachgehen.

Eine angemessene Bezahlung ist ungeheuer wichtig. Solltest du allerdings bei dir feststellen, dass du in einem Klienten nur noch das Honorar siehst, das er dir einbringt, nicht aber den Menschen, der dir Vertrauen schenkt, und du keine Freude mehr empfindest, ihm zu helfen, dann ist es höchste Zeit, eine Pause zu machen oder sich eine andere Beschäftigung zu suchen. Übe diesen Beruf nie des Geldes wegen aus! Es würde dir keinen Erfolg bringen. Bei uns im So-Ham-Center geben wir auf alle unsere Beratungen eine *Geld-zurück-Garantie*. Ich empfehle dies auch allen meinen Schülern. Wenn ein Klient mit einer Sitzung nicht zufrieden ist, soll er sie auch nicht bezahlen müssen. In den letzten vier Jahren, seit wir die *Geld-zurück-Garantie* gewähren, musste ich erst viermal das Geld zurückgeben. Und meistens habe ich selbst gemerkt, dass es keine gute Sitzung war. Hab keine Angst vor der *Geld-zurück-Garantie*. Ich gebe das Geld gern zurück, wenn ich merke, dass ich nicht das leisten kann, was ich normalerweise von mir gewohnt bin. Und ich möchte vor allem zufriedene Klienten. Und ich möchte für die Qualität meiner Arbeit bezahlt werden und nicht für meine Zeit. Bedenke, dass du vielen Menschen helfen wirst, ihren Weg zu finden. Mach dir deswegen deinen Wert bewusst. Doch sei auch ehrlich zu dir selbst, wenn eine Sitzung in die Hose geht. So etwas passiert auch den besten sensitiven Beratern. Denn auch ein sensitiver Berater ist nur ein Mensch und keine Maschine. Daher darf jeder auch mal einen schlechten Tag haben.

Nachwort

Nun sind wir am Ende dieses Buchs und am Ende dieser Reise angelangt. Für mich war dieses eines der schwersten Bücher, die ich bisher geschrieben habe, weil es nicht immer leicht war, die Übungen so zu erklären, dass man sie verstehen kann und dass der Leser auch spürt, was die jeweilige Übung bewirkt. Ich hoffe sehr, dass mir das gelungen ist. Auch war es schwierig, genaue Anleitungen zu geben, wie man etwas wahrnehmen kann. Auch das ist unheimlich schwer zu erklären. Du musst dir nämlich bewusst sein, dass die Sensitivität bei jedem anders ist. Es gibt keine zwei Sensitiven, die gleich wahrnehmen. Deswegen habe ich absichtlich auf genaue Beschreibungen der Wahrnehmung verzichtet, allein deswegen, dass du nicht das Gefühl hast, ich würde dir meine Wahrnehmung aufdrängen. Du sollst auch nicht meinen, mit deinen Hellsinnen genauso wahrnehmen zu müssen wie ich. Wenn du absoluter Anfänger bist, ist dieses Buch sicher nicht ganz einfach umzusetzen. Daher solltest du einfach einmal ein Wochenende bei einem Sensitiven zubringen. Dort wirst du genaue Anleitungen bekommen. Danach ist es ein Leichtes, mit diesem Buch zu arbeiten. Auch wenn ich immer wieder geschrieben habe, dass du viel Zeit und regelmäßiges Training brauchst. Geh nicht zu verbissen an die Übungen heran. Das würde dich eher blockieren als dir helfen. Ich wünsche dir viel Spaß, und ich freue mich, dass du dich entschlossen hast, diesen Weg zu gehen.

Danke, dass es dich gibt und dass du mit mir diesen Weg gegangen bist. Danke für dein So-Sein! Ich bin unheimlich dankbar, dass ich meine Berufung, Medium zu sein, leben darf, und dies verdanke ich Menschen wie dir! Menschen, die an das glauben, was ich mache! Danke dafür, wer immer du bist! Du sollst wissen, dass du für mich unheimlich wichtig bist, auch wenn ich dich nicht kenne. Ich wünsche mir, dass du dasselbe von mir sagen kannst. Denn dann sind wir eins, und dies ist mein ganz persönliches Ziel: Zurück in die Einheit, um sich selbst und dabei Gott zu erkennen.

Danke.

Dein Pascal

Dank

Ich möchte mich bei allen meinen Schülern für ihr Vertrauen und für ihren unermüdlichen Einsatz bedanken. Ich weiß, dass ich viel von euch verlange. Danke, dass viele immer wieder nach einem Übungsbuch gefragt haben. Ohne euch wäre dieses Buch nie entstanden. Großer Dank auch an meine Lehrer! Ohne euch könnte ich mein Wissen nicht weitergeben. Viele Übungen in diesem Buch habe nicht ich erfunden, sondern ich habe sie von meinen Lehrern, und ich habe hier die aus meiner Sicht spannendsten und effektivsten Übungen zusammengetragen. Ich möchte jedem Lehrer für das Vertrauen danken, das er in mich und meine Arbeit gesetzt hat. Ich möchte auch Sabine Giger danken, dass ich in ihrem Verlag ein weiteres Buch veröffentlichen darf. Danke für dein Vertrauen in meine Arbeit. Danke meiner Mutter! Für deine Hilfe in allen Bereichen. Du bist ein Segen! Danke meiner Schwester Dominique. Es ist gut zu wissen, dass es dich gibt. Auch hier reichen die Worte nicht, das auszudrücken, was ich für euch empfinde. Großer Dank meinem besten Freund Pablo. Er sorgt seit vielen vielen Jahren für meinen Ausgleich! Er ist mein Trainingspartner im Kampfsport, und er sorgt dafür, dass ich immer wieder mit beiden Beinen auf dem Boden zu stehen komme. Zwischen den härtesten

Schlägen erzählt er mir oft ganze spirituelle Ansätze. Danke, dass ich von dir lernen darf. Freunde wie du sind leider viel zu selten! Ein großes Danke zum Schluss an Arlette, die eine wunderbare Lehrerin bei uns im Center ist. Ich bin sehr stolz darauf, ihr Lehrer gewesen zu sein. Danke für deine Freundschaft und dein Vertrauen. Danke auch an deinen wunderbaren Ehemann Andreas für seine Freundschaft. Ihr seid eine richtige Bereicherung für mein Leben. Ein großes Danke auch an eure wunderbaren Töchter und dass ich Sanayas Pate sein darf. Danke für diese wunderbare Aufgabe und auch für das Vertrauen! Ich hoffe, sie wird FCB-Fan und liebt Kampfsport.

Zum Schluss möchte ich mich noch bei einigen Freunden und Personen bedanken, die mich inspirierten und von denen ich viel lernen durfte, die mein Leben bereichert haben, auch wenn ich sie nicht oder noch nicht alle persönlich kenne: Krishna Das, Michael Rauchenstein, Michael Jackson und Gordon Smith.

Dank an jeden Leser und jeden, der den Mut hat, einen spirituellen Weg zu gehen. Gott schütze dich!

Kontakt

Falls du mich einmal live erleben möchtest, findest du alle Informationen auf meiner Homepage: www.pascal-voggenhuber.com. Dort findest du Informationen, wie du dich für Einzelberatungen anmelden kannst, sowie über alle Veranstaltungen, Buchtourneen und Vorträge. Als persönliche Beratungen gebe ich zurzeit nur Jenseitskontakte und Psychic Spine Alignment nach Pascal Voggenhuber® (PSA n.V.). Sensitive Beratungen sowie Aura-Readings gebe ich zurzeit nicht mehr. In diesem Bereich biete ich nur noch Kurse an oder die Ausbildung zum sensitiven bzw. medialen Berater. Diese Ausbildungen finden bei uns in der Spirit Messenger GmbH statt. Dort findest du auch weitere Kursangebote und Workshops unter anderem in folgenden Bereichen: Yoga, Trance-Healing-Ausbildung, Meditation, spirituelle Lebensberatung und vieles mehr.
Alle Infos dazu auf www.pascal-voggenhuber.com.

Bei Fragen zu Seminaren, Einzelberatungen oder Booking melde dich bitte bei mir im Büro:
Spirit Messenger GmbH
Bahnhofstraße 23
CH-4450 Sissach
www.pascal-voggenhuber.com

Stichwortregister

ThetaHealing[TM] – *Die revolutionäre neue Heil-methode*

VIANNA STIBAL
Theta Healing
Die Heilkraft der Schöpfung
416 Seiten
€ [D] 12,99 / € [A] 13,40
sFr 21,90
ISBN 978-3-548-74519-0

Die revolutionäre neue Heilmethode aus den USA beruht auf dem Theta-Zustand des Gehirns, einer im EEG nachweisbaren Gehirnwellenkurve, die im Zustand tiefer Entspannung und bei Hypnose auftritt. In Verbindung mit einem fokussierten Gebet – zu keinem religionsspezifischen Gott – und einer klaren Vorstellung der Heilungsabsicht entsteht dabei ein Heilprozess, der unmittelbar auf die Zellen wirkt und den von der DNA vorgegeben natürlichen Zustand des Körpers wieder herstellt.

Lebenshilfe kompakt

RENATO MIHALIC
Das Geheimnis der Mujas
Meditationen für ein
neues Bewusstsein
160 Seiten
€ [D] 8,99 / € [A] 9,30
sFr 12,50
ISBN 978-3-548-74549-7

Die altägyptischen Mujas sind spezielle *Kombinationen von Finger- und Handstellungen sowie Akupressurpunkten, die verschiedene energetische Systeme miteinander verbinden. Sehr leicht und überall sofort anwendbar, verhelfen diese Werkzeuge dem Menschen zu mehr Klarheit und Wohlsein. Darüber hinaus unterstützen sie ihn, sich feiner auf sich selbst auszurichten, sich dem »Jetzt-Augenblick« hinzugeben und neue Lösungen zu finden.*